V&R

Dienst am Wort

Die Reihe für Gottesdienst und Gemeindearbeit

65
Erntedank

Verlag Vandenhoeck & Ruprecht
in Göttingen

Erntedank

Vom Denken und vom Danken

Herausgegeben von
Hans Jürgen Milchner

Verlag Vandenhoeck & Ruprecht
in Göttingen

Die Deutsche Bibliothek – CIP-Einheitsaufnahme

Erntedank: Vom Denken und vom Danken /
hrsg. von Hans Jürgen Milchner. – Göttingen:
Vandenhoeck und Ruprecht, 1993
  (Dienst am Wort; 65)
  ISBN 3-525-59329-5
NE: Milchner, Hans Jürgen [Hrsg.]; GT

Vorwort

Vom Denken und vom Danken – so lautet der Untertitel dieses Bandes zu Erntedank, angelehnt an einen Liedentwurf von Fritz Baltruweit. Die einzelnen Beiträge möchten aufzeigen, daß das Danken immer ein Denken nach sich ziehen sollte. Ein bloßes Danken kann einen leicht pharisäischen Unterton haben; das Danken erfordert das Denken: Wie kann ich dazu beitragen, dem Elend und dem Hunger in der Welt zu begegnen? Unser Erntedank sollte uns erfinderisch und empfindlich zugleich machen, mit Phantasie Möglichkeiten zur Umkehr zu entdecken, besonders auch die Gleichgültigkeit zu bekämpfen, die sich mit dem Undank und dem Hunger in der Welt abfindet. Ohne Da(e)nken und ohne Gott geht die ganze Welt bankrott – wir sind nahe dran. Die christliche Gemeinde ist zum Danken und Denken aufgerufen.

Der vorliegende Band bietet dem Leser und Benutzer eine reiche Fülle von Möglichkeiten, Erntedankgottesdienste, Schul- und Gemeindeveranstaltungen, Jugend-, Familien- und Kindergartengottesdienste zu gestalten. Die Ideen und Anregungen kommen allesamt aus bewährter Praxis und können entsprechend in eigene Konzepte und Vorstellungen eingeplant und integriert werden. Die Anzahl der Predigten ist auf ein Minimum reduziert, so daß weitere Lieder, liturgische Texte, Bausteine für Sondergottesdienste und Kurzandachten genügend Raum haben. Auch ein Konfirmanden- bzw. Jugendseminar zum Thema wird angeboten und kann mit eigenen Gedanken und Ideen modifiziert werden. Themen und Da(e)nkanstöße für Senioren- und weitere Gemeindegruppenveranstaltungen und eine reichliche »Fundgrube« zu Erntedank möchten neue Zugänge zu diesem Fest ermöglichen.

Inhalt

III. Fundgrube – Weiteres zu Erntedank

IV. Liturgische Texte

I.

Einführung

1. Ernte im alten Israel und im Judentum

Auf einem Kalksteintäfelchen steht eine der ältesten gefundenen hebräischen Inschriften (um 1000 v.Chr.). Es ist der sogenannte »Bauernkalender von Gezer«. Er listet die zwölf Monate des Jahres nach agrarischem Interesse auf. Welche Tätigkeiten sind wann erforderlich? Unter anderem heißt es: »der Monat des Flachsschneidens, der Monat des Getreideerntens ..., zwei Monate der Weinlese, der Monat der Sommerfrucht«. Die Monatszählung folgt dem Rhythmus landwirtschaftlicher Arbeit. Dem vergleichbar beziehen die alten liturgischen Kalender des Alten Testaments Fest- und Erntezeiten aufeinander, beispielsweise das Bundesbuch: »... das Fest der Ernte, der Erstlinge deiner Früchte, die du auf dem Felde gesät hast, und das Fest der Lese am Ausgang des Jahres, wenn du den Ertrag deiner Arbeit eingesammelt hast vom Felde« (2.Mose 23,16). Auch ganz persönliche Begebenheiten werden nach Ernteterminen datiert: »Es war aber um die Zeit, da die Gerstenernte anfing, als Na'emi mit ihrer Schwiegertochter Ruth ... nach Bethlehem zurückkam« (Ruth 1,22; vgl. 1.Mose 30,14; Ri 15,1). Selbst die Qumran-Essener ab dem 2.Jh. v.Chr. versehen noch in ihrer Gemeinderegel die vier Jahreszeiten mit agrarischen Bezeichnungen: »Saatzeit«, »Zeit des Grünens«, »Erntezeit«, »Sommer(früchte)« (1 QS X,7).

Daß die Bezogenheit des Volkes Israel auf die Erträge des Bodens bis heute besonders eng geblieben ist, verwundert angesichts der Landesnatur und der klimatischen Verhältnisse nicht. Seit biblischen Tagen wird der Zusammenhang menschlichen Lebens mit dem Gedeihen, Wachsen und Reifen in der Natur betont. Denn von einer guten Ernte hängt nicht nur das Wohlergehen des Volkes, sondern überhaupt sein Überleben ab. Für gläubige Juden ist sie darum nie etwas Selbstverständliches und Berechenbares, sondern Zeichen göttlicher Gnade und Segens (1.Mose 26,12). Ernte trägt immer Geschenkcharakter, ist darum als Inbegriff erfüllten Lebens ein Grund zur Freude. Jede Ernte ist Einlösung der Zusage Gottes, dem Land »Regen zur rechten Zeit« zu geben, damit es sein Gewächs hervorbringen kann (3.Mose 26,4; Jer 5,24). Gott als Eigentümer des Landes läßt die Bewohner an seinem Reichtum teilhaben. Ausbleiben der Ernte bedeutet Ausbleiben des Segens (Joel 2,14) bzw. Gericht Gottes: »Sie haben Weizen gesät, aber Dornen geerntet« (Jer 12,13). So hängen an Gottes Verheißung der Rhythmus der Natur und menschliche Existenz: »Solange die Erde steht, soll nicht aufhören Saat und Ernte ...« (1.Mose 8,22). Wenn Jesus über die Vögel sagt: »Sie säen nicht, sie ernten nicht« (Mt 6,26), erinnert er im selben Tenor an Gottes Fürsorge für seine Geschöpfe und mahnt zum Vertrauen auf ihn.

Gegenüber diesem tröstenden Ausblick sieht freilich die Wirklichkeit im Land Israel so aus, wie sie Jesus andererseits im Gleichnis vom Sämann beschreibt: daß eben nur 25 Prozent der Saat auch wirklich auf gutes Land fällt und reiche Ernte beschert (Mk 4,1ff). Jedenfalls erfordert die Aufrechterhaltung der Reihenfolge Saat – Ernte von seiten des Menschen nicht nur viel Geduld und Glauben (Jak 5,7), sondern vor allem Anstrengungen und Fleiß, – von der Abwehr äußerer Gefährdungen ganz abgesehen (Ri 6). Der Begriff »Ernte« ist deshalb zugleich Synonym für »Arbeit« und »Fleiß«: »... wer aber in der Ernte schläft, macht seinen Eltern Schande« (Spr 10,5). An die geflügelten Worte »sein Brot im Schweiße des Angesichtes essen« (1.Mose 3,19) und: »Geh hin zur Ameise ... und lerne von ihr«, weil sie ihre Speise in der Ernte sammelt (Spr 6,6–8), sei erinnert. Einen Fleißigen erkennt man daran, daß er um die Einbringung der Ernte besorgt ist; hingegen geht ein Fauler während der Erntezeit betteln (Spr 20,4).

Das Alte Testament enthält eine Fülle detailgetreuer Beschreibungen des Erntevorganges. Da unter den Kulturpflanzen Israels die Getreidearten Gerste und Weizen dominieren, bezeichnet das hebräische Wort für Ernte *(kazir)* zumeist die Getreideernte. Doch schildert etwa Jesaja auch das Abschlagen von Oliven (17,5f) oder das Einbringen von Dill, Kümmel und Getreide (28,27f). Vor allem denkt man an Ruth, die auf dem Feld Ähren liest, und an Boas, der Gerste auf der Tenne worfelt (Ruth 2f). Immer wieder wird die Freude zur Erntezeit als Beispiel wahrer

Freude hervorgehoben (Jes 9,2), – Freude über die Fülle, über den Schöpfer aller Dinge. Der Jubel beim Sammeln der Garben steht im Gegensatz zum (rituellen?) Weinen bei der Aussaat (Ps 126,6). Wenn sich »die Täler in Korn hüllen« (Ps 65,14), löst Freudenernte die Tränensaat ab. Erntedanklieder finden sich in Ps 65 (V. 10 ff) oder Ps 67 (V. 7 f).

Erntefeste

Feste zur Ernte waren natürlich in Israels Umwelt gang und gäbe. Zum Beispiel fand im alten Ägypten eine Prozession zu Ehren des Gottes Min, des Herrn über Feld und Vegetation, statt, wobei die Statue des Gottes unter Darbringung von Opfern inthronisiert wurde. Besonders aus Ugarit wirkte die Vorstellung vom sterbenden und wieder ins Leben zurückkehrenden Gott Baal auf Israel ein: Die Ernte wurde als Sieg über den Totengott Mut und als Zeichen von neu erwachendem Leben empfunden. Ein Kultdrama mit ritueller Darstellung jenes Mythos sollte den Kreislauf des Jahres und seine natürliche Ordnung aufrechterhalten.

Israel hat sich jedoch nicht nur von der Verehrung der Ernte als eines göttlichen Wesens distanziert, sondern auch die Verbindung von Ernte und der jeweils dafür zuständigen Gottheit auf den einen Gott Jahwe übertragen. Er wird zum alleinigen Schöpfer und Garanten der Ernte. Jedes der drei großen Feste Israels basiert auf einem ursprünglich reinen Erntefest, wie es die kanaanäischen Vorbewohner des Landes zu begehen pflegten. Dieses naturgebundene Feiern im Zyklus der Jahreszeiten wird aber von Israel in die Jahwe-Verehrung integriert und historisiert, indem es fortan der Erinnerung an eine bestimmte, einmalige geschichtliche Offenbarung des Bundesgottes dient. Die landwirtschaftliche Ausprägung der Feste wird somit um eine heilsgeschichtliche Begründung bereichert, – spiritualisiert.

Zu Beginn der Getreideernte im Frühjahr (März / April) begehen die Bauern das »Fest der ungesäuerten Brote« (*Mazzot*), zubereitet aus den ersten Körnern der eben eingebrachten Gerste (2. Mose 23,15). An den Heiligtümern des Landes, später am Tempel, erfolgt die Weihe der Erstlingsgarbe als Dankopfer für den

Herrn (3. Mose 23,10 f). Das Fest markiert den Übergang zu etwas Neuem mit der Erwartung bevorstehender Erfüllung. Die Israeliten verknüpfen es dann mit der Heilstat Jahwes schlechthin: mit der Befreiung und dem Exodus des Volkes aus Ägypten, dessen bis heute im Passa-Fest gedacht wird.

50 Tage später (Mai / Juni) folgt das »Erntefest« (2. Mose 23,16) oder »Wochenfest« (*Schawuot*; 2. Mose 34,22), das Datum der Weizen-, aber zugleich auch das Ende der Kornernte. Diesmal werden zwei Laibe Brot aus frischem Weizen als Gemeinschaftsopfer Gott dargebracht. Erst später gilt das Wochenfest als »Geburtstag der Tora« in Erinnerung an die Gabe der Gebote am Berg Sinai: Israel reicht dem Herrn zwei Brote und erhält dafür die beiden Tafeln.

Das »Fest (Jahwes)« überhaupt (3. Mose 23,39) ist das Herbstfest zum Abschluß des Erntejahres (Sept / Okt.). Es geht zurück auf das von den Kanaanäern gefeierte Lesefest (2. Mose 23,16), wobei sie Hütten aus Buschwerk und Palmen errichteten, in denen sie wohnten (Neh 8,15 ff). Hier erreichen vitale Freude und Ausgelassenheit ihren Höhepunkt. Bald werden die Herbst- und Winterregen einsetzen und ein neues Erntejahr einläuten. Als Laubhüttenfest (*Sukkot*), das an das Wohnen in Hütten / Zelten während der Zeit der Wüstenwanderung erinnert, aber auch als Bundeserneuerungs- oder Thronbesteigungsfest Jahwes, erhält es späterhin eine primär theologische Ausrichtung. Doch gerade im modernen Staat Israel wird die ehedem agrarische Abzweckung dieses und der anderen Feste mehr und mehr wiederentdeckt.

Es ist wichtig, die beiden scheinbar diametral entgegengesetzten Komponenten jener Feiern zusammenzuschauen: die Ernte als etwas Irdisches, Materielles; Gottes Führungen als etwas Geistiges. Himmlische Offenbarung und irdische Ernten bilden vielmehr eine Einheit. Gott möchte mit seinen Vor-Gaben erreichen, daß der Mensch, indem er Gottes Offenbarung dieser Welt bezeugt, seine wahren »Früchte« bringt. Materielles Wohlergehen sollte immer rückbezogen sein auf die ewigen Wahrheiten. So sind Erntefeste sichtbare Zeichen des Bundes, des Dialoges zwischen Mensch und Gott. Das reich entfaltete Abgabenwesen (Zehnt, Hebe) für das Tempelkultpersonal war einst eine weitere Manifestation dessen.

Neben Gott ist das Land selbst in den Blick zu nehmen: Auch der Boden hat Anspruch auf Ruhe. Einerseits beinhaltet der wöchentliche Sabbat insofern eine ökologische Ausrichtung, als an ihm Pflügen und Ernten untersagt sind (2. Mose 34,21). Die ursprüngliche Schöpfungsordnung wird wiederhergestellt. Andererseits zielen die Sabbat- und Jobeljahrbestimmungen (3. Mose 25) auf die Rekreation des Landes, auf eine restitutio in integrum. Kein Ernten um jeden Preis! Keine Vernutzung der Ressourcen! Seit Neugründung des Staates Israel können diese an den Boden des Heiligen Landes gebundenen Bestimmungen wieder eingehalten werden.

Schließlich tragen jene Erntefeste einen ausgeprägt ethisch-sozialen, mitmenschlichen Akzent. Kein Erntedank darf selbstbezogen gefeiert werden, sondern hat im Dienste der Untergebenen, der landbesitzlosen Leviten, der Fremden im Lande sowie der Waisen und Witwen zu stehen (5. Mose 16,14). Bis heute erfolgt die Berücksichtigung der Armen durch das strikte Verbot, in Israel die Felder vollständig bis an die Ecken abzuernten und Nachlese zu halten (Lev 19,9 f), indem man etwa vergessene Garben holt, abgefallene Trauben aufsammelt oder die Zweige der Öl- und Obstbäume nach übriggebliebenen Früchten absucht (5. Mose 24,19–22). Begründung: Ihr seid selber einmal Knechte in Ägypten gewesen. Der palästinische Talmud hat dieser Vorschrift einen eigenen Traktat, »Ackerecke« (*Pea*), gewidmet. Er beschäftigt sich mit dem Umfang jenes nicht abzuerntenden Feldteiles, mit dem Vergabemodus an Arme und mit der Frage, wann tatsächlich für auf dem Acker Vergessenes kein Besitzanspruch des Eigentümers mehr besteht.

Ein anderer Talmudtraktat illustriert höchst anschaulich die feierliche Überführung der Erstlingsabgaben (*bikkurim*) zum Tempel nach Jerusalem, wie sie wohl in den Tagen Jesu üblich war. Basierend auf der Anordnung 2. Mose 23,19 hatte damals jeder Bauer zwischen Wochen- und Laubhüttenfest individuell nach freiem Ermessen eine Gabe des Ersten und Besten von Getreide, Most und Öl, dann auch von Baumprodukten (Neh 10,36), an die Priester auszuhändigen. Ein Ausschnitt aus jener wohl bezirksweise durchgeführten »Korbfest«-Prozession:

»Und der Ochse geht vor ihnen her, und seine Hörner sind mit Gold überzogen, und ein Kranz aus Ölbaumzweigen ist auf seinem Kopfe, und die Flöte gibt vor ihnen den Ton an, bis sie nahe an Jerusalem herankommen. ... Die Vertreter der Priester und Leviten und die Schatzmeister gehen heraus ihnen entgegen. ... Und alle Handwerker Jerusalems stehen auf vor ihnen und begrüßen sie. ... Sind sie zum Tempelberg gelangt, so hebt jeder ... den Korb auf die Schulter und zieht hinein, bis man an den Vorhof gelangt. ... Die Leviten stimmen den Gesang an. ... Und man rezitiert beginnend mit den Worten ‚Ein umherirrender Aramäer war mein Vater‘ (Dtn 26,1–11). ... Und man setzt ihn (den Korb) neben den Altar, wirft sich zur Anbetung nieder und geht hinaus« (M Bik III, 3–6).

Obwohl der Tempel nicht mehr existiert, arrangiert man noch heute vielerorts in Israel Feiern und Umzüge: Wagen voller prächtig dekorierter Bikkurim-Körbe werden durch die Straßen gefahren und danach ihr Inhalt dem jüdischen Nationalfond zur Verwertung übergeben. Vor allem Jugendliche beteiligen sich mit Gesang und Tanz an diesen Feiern.

Ernte-Bilder

Von der Ernte ist in der Bibel und im Judentum oft in einem metaphorischen, übertragenen Sinn die Rede:
Ernte als das Geschick des Menschen im allgemeinen oder das Ergehen Israels im besonderen: Wer Wind sät, wird Sturm ernten (Hos 8,7; vgl. Spr. 22,8). Vor allem die Weisheitsliteratur legt den Zusammenhang zwischen negativem Verhalten / Handeln und den daraus erwachsenden negativen Folgen offen: »Säe nicht in die Furchen des Unrechts, so brauchst du es nicht siebenfach zu ernten!« (Jes Sir 7,3).
Ernte als Missionserfolg (Joh 4,35–38; vgl. Mt 9,37 f): Jesus und andere haben gesät, d.h. die Mission vorbereitet; die Jünger brauchen bloß die »Erntearbeit« zu tätigen. Mit Jesu Kommen sind aber im Grunde genommen schon Saat- und Erntezeit identisch. Denn dort, wo man das Evangelium hört, ist die Entscheidungs-

stunde zwischen ewigem Leben und Gericht da. Im eschatologischen Jetzt muß ein jeder für sich über Annahme oder Verwerfung der Frohbotschaft entscheiden.

Ernte als endzeitliches Heil: Propheten schildern die Zukunft als eine Zeit, in der »man zugleich ackern und ernten, zugleich keltern und säen wird« (Am 9,13), d.h., das Leben in der Gemeinschaft mit Gott stellt sich als eine immerwährende Ernte dar. Im jüdischen Midrasch (zu Hhld 8,14) wird Israels kommende Erlösung mit der Getreideernte und Weinlese verglichen. Nur soll sie Israel nicht gewaltsam herbeizwingen wollen, sondern geduldig auf sie warten wie auf die Ernte, weil Gott die Saat längst gelegt hat: »Wenn ein Feld vor der (rechten) Zeit abgeerntet wird, ist selbst das Stroh nicht gut. ... Wenn man in einem Weinberg die Weinlese hält vor der Zeit, ist selbst der Essig nicht gut«.

Ernte als (end-)zeitliches Gericht: Besonders verbreitet ist das Erntebild als Synonym für Gottes Strafhandeln, – sei es gegenüber konkreten Feinden wie Moab (»Dem Wein in den Kufen mache ich ein Ende«; Jer 48,32f) und Babel (». . . gefallen wie eine Tenne, wenn man sie feststampft«; Jer 51,33) oder der Heidenwelt generell (»Greift zur Sichel, denn die Ernte ist reif«; Joel 4,13), wobei Israel der kostbare Weizen gegenüber heidnischer Spreu ist (Jes 27,12), – sei es gegenüber dem Gottesvolk selbst (». . . wie wenn der Schnitter die Halme faßt und mit seinem Arm die Ähren schneidet«; Jes 17,5). Der gängige Ausdruck »Schnitter Tod« ist letzlich von prophetischer Rede geprägt worden (Jer 9,21). Auf vergleichbare Weise – mittels des Wortspieles »Ernte« (*kajiz*) – »Ende« (*kez*) – bringt dies Jesus bei seiner Deutung des Gleichnisses vom Unkraut unter dem Weizen zum Ausdruck: »Die Ernte ist das Ende (die Vollendung) der Welt(zeit)« (Mt 13,39; vgl. V. 30). Gott läßt in Bälde über die überreif gewordene Welt das Gericht, für die Glaubenden aber die messianische Zeit anbrechen. Der Mensch wird die Frucht seines Glaubens oder Unglaubens ernten (vgl. Gal 6,7f). Noch drastischer gestaltet schließlich Offb 14,14ff (nach Joel 4,13) dieses Bild aus: Der Menschensohn – der wiederkommende Christus – trägt als Richter eine scharfe Sichel. Ein Engel hält ein scharfes Winzermesser in der Hand. Die reifen Beeren werden in die Kelter des Zornes Gottes geworfen. Das Weltgericht markiert den Untergang des alten Äons und den Anbruch des neuen. Jene Bildrede macht deutlich, daß das zyklische Denken analog zu den Gesetzen der Natur abgelehnt wird. Denn die hier gemeinte Ernte bedeutet das definitive Ende der Geschichte und nicht eine Wiederholung von etwas schon Dagewesenem. So richtet sich der Blick weg von der irdischen, immer nur vorläufigen hin auf die göttliche, endgültige Ernte am Ende der Tage.

2. Erntedankfest – eine schwierige homiletische Situation

In allen Völkern, Kulturen und Religionen lassen sich Erntedank-
bräuche feststellen. Es ist ein Urbedürfnis der Menschen, Gott
oder den himmlischen Mächten für die Ernte zu danken, die in
der Regel die Versorgung bis zur nächsten Ernte sichert. Es ist in
den Menschen davon ein Bewußtsein vorhanden, daß viele Kräfte
zusammenwirken müssen, damit es eine ausreichende Ernte gibt.
Da ist gutes Saatgut nötig, es braucht die Fruchtbarkeit des
Bodens, da müssen Regen, Sonne und Wind zum richtigen Zeitpunkt im ausreichenden Maß gegeben sein, die Felder dürfen
weder vom Menschen noch von Tieren verwüstet werden, damit
die Ernte gelingt; da müssen Unkräuter und Ungeziefer fernge-
halten werden, da muß jeweils für die Maßnahmen des Bauern
der rechte Zeitpunkt gewählt sein. Wenn alle diese Faktoren
zusammenkamen und eine gute, ausreichende Ernte eingebracht
werden konnte, dann ist Grund zur Freude und zur Dankbarkeit,
und stets mischt sich der Wunsch hinein, daß es so weitergehen
möge.

An dieser Stelle ist freilich in der zweiten Hälfte des 20. Jahrhunderts ein bemerkenswerter Wechsel eingetreten. Wir sind bei
weitem nicht mehr so von dem Gelingen unserer Ernten abhängig, wie das die Zeiten vor uns waren. Der weltweite Handel
ermöglicht uns jederzeit, Nahrungsmittel, die wir brauchen oder
zu unserm Luxusleben gern hätten, einzuführen; die Mittel dazu
gewinnen wir durch den Export von Industrieprodukten.

Ende der sechziger Jahre machten Industrieprodukte auf dem
Erntealtar (Autoreifen und die Antibabypille etwa) Furore. Doch
sind die Versuche weithin verschwunden, und wo es noch
geschieht, findet es keine Beachtung, schon gar nicht in der
Öffentlichkeit. Das Erntedankfest ist an die Ernte, an die Abhängigkeit der Ernte vom Wetter, an die Unverfügbarkeit der
Fruchtbarkeit gebunden. Unbeantwortet bleibt die damals
gestellte Frage: In welcher Weise und wann sagen wir Gott Dank
für die Möglichkeit industrieller Produktion und bedenken vor

Gott Gewerbe und Handel? Der Eindruck entsteht, daß es sich hier um gottlose Bereiche des Menschen handelt, wo nur der Mensch sich selbst verantwortlich ist. Hierfür einen geeigneten gottesdienstlichen Ausdruck zu finden, bleibt eine Aufgabe.

Viele unserer Handelspartner können nur mit ihren landwirtschaftlichen Produkten mit uns Handel treiben, um dadurch benötigte Industriegüter (leider auch Waffen) zu kaufen. Wir können nicht nur zu jeder Zeit jedes Obst und jedes Gemüse frisch einkaufen, sondern unsere Handelspartner in Übersee sind auch darauf angewiesen, daß wir es tun. So müssen wir heute nicht mehr auf Frühkartoffeln warten. Mitten im Winter liefert uns das Hungergebiet der Sahelzone frische Bohnen. Bedacht werden muß aber auch, daß die Industrienationen mit ihrem immensen Hunger nach frischer Ware diese Länder in eine Produktion für sich selbst, für uns, einspannen und sie von der Produktion von Lebensmitteln für den eigenen Markt abhalten, der im Gegensatz zu der devisenorientierten Export-Produktion, die nur wenigen Reichen im Lande hilft, der ganzen Bevölkerung zugute kommen würde. Ein Erntedankfest heute muß den Zusammenhang von unserm Konsum und dem Hunger in der Welt deutlich machen.

Wir sind unabhängig von unserer eigenen landwirtschaftlichen Produktion geworden. Doch ist diese selbst so leistungsstark geworden, daß die Überproduktion die Existenz der bäuerlichen Betriebe gefährdet und die Landwirte Prämien für die Einschränkung ihrer Produktion erhalten. Daß Arbeitslosigkeit verheerende Folgen haben kann für die Psyche, für das Selbstwertgefühl des Arbeitslosen, ist häufig thematisiert worden. Die Prämierung von Nichtproduktion, von Reduzierung der Tierhaltung, dafür, die Felder brach liegen zu lassen, wird schwere Schäden bei den Landwirten und ihren Familien auslösen, zumal es sich häufig um Höfe handelt, die seit Generationen von der Familie bewirtschaftet wurden. Kann ein Erntedankfest heute diese Konsequenzen bedenken? War es früher ein Leichtes, von Landwirten und Gärtnereien Erntegaben zum Schmuck des Erntealtars zu bekommen, so daß sogar diese Abgabe von Gemüse und Obst dem Küchenplan des kirchlichen Altersheims aufhalf, so stellen sich diesbezüglich heute Schwierigkeiten ein. Nicht nur durch den Rückgang der landwirtschaftlichen Betriebe und der Umwandlung der Gemüsegärten in Ziergärten ist es schwieriger geworden, ausreichend Erntegaben zu erhalten. Die Bauern haben ihre Produktionspalette reduziert oder sich gar auf ein einziges Produkt beschränkt. Der Städter liebt den Erntealtar, aber er kann nichts zu seiner bunten Vielfalt beisteuern. In einigen Stadtgemeinden kauft der Küster das Gemüse und die Früchte zum Schmuck des Altars in der Kleinmarkthalle ein. Warum sollten dann aber nicht auch tropische Früchte und exotisches Gemüse dabei sein? Für viele Kinder selbst am Stadtrand sind die einheimischen Gemüse genauso unbekannt wie die exotischen Früchte, gemeinsam liegen sie im Supermarkt zum Verkauf aus.

Die Erntedankfeste in den Religionen sind nicht nur Freudenfeste für eine ausreichende Ernte, sie sind auch immer Sühnefeste des Menschen für seinen Eingriff in die Natur. Der Mensch hat sich genommen, was Gott hat wachsen lassen. Deshalb gab der Mensch Gott in seinen Erstlingsgaben der Ernte als Sühne für den Eingriff, ja den Raub, ein Opfer.

Zwar hat das Christentum selbst den Gedanken des Opfers überholt und, seitdem sich der Sohn Gottes selbst zum Opfer gab, jedes weitere menschliche Opfer zur Gotteslästerung erklärt, doch bleibt der Gedanke, daß der Mensch frevelnd in die Natur eingreift. Dieses Bewußtsein ist in den letzten Jahren wieder gewachsen. Niemand bei uns kann sich dem Wissen entziehen, daß Pflügen (maschinentief) den Boden verletzt, die Austrocknung des Bodens verursacht, die Erosion fördert, daß Düngen nicht nur der Chemie des Bodens aufhilft, sondern sie dauerhaft zerstört, daß Monokulturen den Boden ausplündern, daß Pestizide Pflanzen verderben, die wir zwar Unkraut nannten, die aber für den Haushalt der Natur nötig waren.

Nun läßt sich der menschliche Frevel an der Natur nicht durch Opfergaben wieder beheben, wie man einst gedachte, den Zorn der Götter besänftigen zu können. Die Erkenntnis von frevelndem Tun verlangt nicht Opfer, sondern Umdenken, Buße, Veränderung der Sitten und Gebräuche. Heute kann kein Erntedankfest, besonders in den westlichen Industrienationen, ohne die Kritik am Menschen, ohne die prophetische Ansage des Gerichts, gefeiert werden. Der Triumphalismus, mit dem einst die Erntefeste gefeiert wurden, ist uns vergangen; es wäre zu überlegen, ob die Kirchen diesen Erntetag nicht in Betonung des Bußgedankens zum Fastentag erheben sollten.

Der Erntedankfesttermin richtete sich ursprünglich nach den örtlichen Gegebenheiten. In dem großflächigen, zerrissenen Preussen wurde 1773 der Sonntag nach Michaelis für dieses Fest angeordnet. Vieler Orts ist es üblich gewesen, zu Michaelis den Zehnten zu zahlen. Dieses hat zu einer nicht seltenen Verbindung von Erntedank und Kerb, dem Kirchweihfest, dem Jahrmarkt geführt. Im Kirchenjahr heute wird der erste Sonntag im Oktober allgemein als Erntedank gefeiert. Damit kommt ein Problem zusätzlich auf uns zu: Es ist die zeitliche Nähe zu unserm neuen Nationalfeiertag, der als Wiedervereinigungstag am 3. Oktober gefeiert wird, so daß beim Zusammenfall beider Termine eine Konkurrenz entsteht, die nur dann fruchtbar wird, wenn es gelingt, die Wiedervereinigung nicht als Lohn der Arbeit und Geduld, sondern als ein unverdientes Geschenk zu verstehen wie die Ernte des Feldes, als eine Herausforderung nicht des Stolzes, sondern der Verantwortung und der Hilfe für andere. In vielen anderen Fällen, wenn der 3. Oktober vor oder im Anschluß an den Erntedanksonntag folgt, wird der Erntedankgottesdienst gemindert, weil die Zeit zu einem Kurzurlaub genutzt wird. Jedoch könnte ein Blick auf die USA lehren, wie »Thanksgiving« zu einer nationalen Angelegenheit wird, der man sich auch dann nicht entzieht, wenn man verreist.

Die Predigtperikopen des Erntedankfestes thematisieren besonders das Teilen und Abgeben (2. Kor 9,6–15; Jes 58,7–12; Hebr 13,15f) und die Warnung vor den Gefahren des Besitzes (Lk 12,15–21; Mt 6,19–23). Das Danksagen ist Thema von 1. Tim 4,4f verbunden mit der Bewertung »gut« für alles, was Gott geschaffen hat.

Die Problematik heutiger ungerechter Verteilung der Güter dieser Erde, der Gefahr der Überproduktion, der weltweiten Handelsabhängigkeiten wird in diesen Texten nicht angesprochen. Es wäre aber wohl auch abwegig, diese in den biblischen Texten wiederfinden zu wollen. Die Erntedankfestlieder unserer Gesangbücher gehören samt und sonders vergangenen Zeiten an. In dem neuen Liedgut kommt dieses Thema bezeichnenderweise nicht vor. So hat der Entwurf des neuen Gesangbuchs der EKD diese Sparte vermehrt, doch es sind einige alte Lieder (»Himmel, Erde, Luft...« Neander 1680; »Die Ernt ist nun zu Ende...« Tollmann 1725; »Herr, die Erde ist gesegnet...« Puchta 1843), die ausgegraben wurden. Das katholische Gotteslob hat eine eigene Rubrik »Erntedank« nicht mehr.

II.

GOTTESDIENSTMODELLE UND PREDIGTEN

1. Liedmeditationen

Matthias Claudius: »Wir pflügen und wir streuen« EG 501

Von klein auf hat Matthias Claudius das einfache, schwere Leben auf dem Dorf kennengelernt und hautnah erlebt. Zwar nicht als Sohn eines Bauern, aber des Pfarrers von Reinfeld (bei Lübeck). Damals arbeiteten die Pastoren ja ganz selbstverständlich in der Landwirtschaft; deren Ertrag nährte sie, nicht die Kirchensteuer. So war es auch in Reinfeld. Die Pfarrstelle, seit Generationen von der Familie Clausen bzw. (vornehm latinisiert) Claudius besetzt, war ein richtiger Gutsbetrieb, den der Pfarrherr mit seinen Knechten bewirtschaftete. Die gesamte große Familie war eingebunden in die Stall- und Hausarbeit des Jahres sowie die Feldarbeit im Sommer – auch Matthias, bis er mit seinem Bruder das Dorf verließ, um die Lateinschule in Plön und später die Universität von Jena zu besuchen. Seine enge Verbundenheit mit »Saat und Ernte, Frost und Hitze, Sommer und Winter« (1. Mose 8,22) wurzelt also keineswegs ausschließlich im Bibelstudium, sondern in der praktisch erfahrenen Anschauung. Aus ihr quillt auch der schriftstellerische Reichtum der Erzählung »Paul Erdmanns Fest« im vierten Teil von »ASMUS omnia sua SECUM portans oder Sämtliche Werke des Wandsbecker Boten«: Asmus, unterwegs mit seinem Vetter, feiert in einem Dorf das Jubiläum des Bauern Paul Erdmann mit, der sein Erbe gerade fünfzig Jahre bewohnt. Bei dem Festmahl stimmt Hans Westen als Tischunterhaltung das Bauernlied an. Nach jeder der 13 Strophen fällt die ganze Tischgemeinschaft in den Chor ein: »Alle gute Gabe / Kömmt oben her, von Gott, / Vom schönen blauen Himmel herab!«

Eigentlich war es naheliegend, daß Teile dieses Bauernliedes in unsere Gesangbücher einwanderten. Das verdanken wir wahrscheinlich dem Superintendenten A. L. Hoppenstedt. Er veröffentlichte die bis heute üblichen Verse in »Lieder für Volksschulen mit Musik«. Die Melodie schreiben ältere Gesangbücher J.A.P. Schulz zu, während M. Claudius in seinem Bauernspiel notierte: »Die Musik, sagten sie, sei aus Italien«.

Die vier Strophen gipfeln in dem Kehrreim »Alle gute Gabe kommt her von Gott, dem Herrn«. Er wiederholt einen Satz aus dem Jakobusbrief (1,17), auch dort bereits in Versen formuliert. Solche lyrische Feststellung darf jedoch nicht als weltfremde Dichtung mißverstanden werden; vielmehr zielt sie auf unseren Alltag. Viele ungelöste Probleme in Familie oder Gesellschaft lassen sich nämlich leicht als Gegenargument anführen, zahllose Katastrophenmeldungen aus Fernsehen und Zeitung nicht unter der Rubrik »Gottes gute Gabe« einordnen. Und die Klagen frustrierter Landwirte über sinkende finanzielle Erträge der Ernte verstärken die Kritik an dem Kehrreim.

Dabei signalisiert er Hoffnung, eröffnet er Zukunft: Hoffnung auf Gottes helfende Liebe in allen Erfahrungen des Alltags, sogar in solchen, die wir als Unglück durchleiden. Und Zukunft für unseren Lebensweg, der durch Dunkelheit und Angst zu dem Schöpfer der neuen Welt führt. Wenn wir die Augen offen halten, rührt er uns an im Wachsen, Blühen und Gedeihen der Natur. Er spricht zu uns in Begegnungen mit anderen Menschen. Und er begleitet uns bis an die Orte, die wir als unsere Höllen erleiden. Deshalb trauen wir ihm zu: Alles ist gut, was von ihm kommt. Diesen Willen unseres Gottes können wir mit Händen greifen bei allem, was mit den Ernten unseres Lebens in Beruf und Familie zusammenhängt, insbesondere aber mit der Ernte auf dem Feld. Sie wuchs heran im Regen und unter sengender Sonne. Frost schädigte die Keimlinge, Hagelschlag ließ manchen Halm knicken, Ungeziefer fraß viele Früchte an. Trostloses Wetter schien jede Hoffnung der Landwirte zu zerstören: der pausenlose Regen ebenso wie die wochenlange Dürre. Dann kam die Erntezeit; und mit ihr das Staunen: Die Mühen haben sich doch wieder gelohnt! Wir können ernten, genug für uns und andere. Was uns als Mangel bedrohte, wuchs heran zum Überfluß, unerwartet und überraschend. »Drum dankt ihm, dankt!« Drum freut euch an diesem überwältigenden Geschenk; nehmt es in eure Hände, vorsichtig und liebevoll! Drum bedenkt fröhlich, wieviele Menschen zum Ertrag der Ernte beitrugen als Gottes Handlanger! Drum stellt euch dankbar in diese Kette des göttlichen Segens und gebt ihn bereitwillig weiter an Menschen in der Nähe – und auch in der Ferne! Drum vergeßt nicht, wie ihr reich werdet durch Gottes Liebe; wie sie euer Leben fördert und prägt! Drum verliert eure Angst vor der ungewissen Zukunft! Eins ist nämlich sicher: in jeder Zukunft wird Gottes Saat heranwachsen zur überwältigenden Ernte. Drum verbindet mit eurem Dank die Zuversicht »und hofft auf ihn!«

Solche Hoffnung hält uns Menschen am Leben, auch in Ländern der Dritten Welt. Die Armen Brasiliens gebrauchen beispielsweise eine Redensart, die hieran erinnert: »Mas Deus é bom« – »Aber Gott ist gut«. Sie sagen das, obwohl ihnen alles fehlt und sie voll berechtigter Angst an den nächsten Tag denken. Ihr betontes »Aber« weist auf Unglaubliches: auf Gottes Güte inmitten aller Krankheit, auf seine wärmende Liebe im eiskalten Chaos des Alltags. Wo Menschen am Ende sind, trägt und begleitet sie diese Erkenntnis und wächst gar zum Bekenntnis: »Aber Gott ist gut«. »Aber« Gott schenkt Leben, einmalig und unvergänglich, angefüllt mit Sinn und allen guten Gaben, als letzten und tiefsten Halt – Grund zur Dankbarkeit und Hoffung!

In Strophe 2 wird dieser Gedanke noch einmal variiert. Unser Reden von Gottes Segen bleibt oft unanschaulich und allzu theoretisch. Wir können ihn endlich einmal mit Händen greifen im Gesamtzusammenhang von Saat und Ernte. Gott hat seinen Segen »gar zart und künstlich« eingewickelt; aber wir riechen und schmecken ihn in allem, was in Feld und Garten gedeiht und uns am Leben erhält. Das erinnert uns handfest daran, wie Gottes helfende Nähe im Alltag aufzuspüren ist: etwa in dem, was wir essen; oder in allem, was wir uns anschaffen können; in den Fortschritten der Technik und des Gesundheitswesens ebenso wie in den vielfältigen Möglichkeiten, Freizeit und Urlaub zu gestalten. Leider verwechseln wir jedoch diesen Gottessegen oft mit unserer eigenen Leistung. Wir bilden uns zu viel ein auf das, was wir schafften. Wir vergessen bei allem berechtigten Stolz, daß uns auch hierin ständig Gottes Segen begegnet: »Es geht durch unsre Hände, kommt aber her von Gott«. Was wir Menschen an besonderen Leistungen erreichen, muß unter diesem Vorzeichen stehen; sonst ersticken wir an unserem Hochmut und unserer Selbstüberheblichkeit!

Umfassend kann und soll also unser Dank sein angesichts unserer Ernten. Das können wir neu von Claudius lernen. Keinen Bereich läßt er aus, an alles erinnert er uns: an das, »was nah ist und was fern«. Alles, was uns begegnet, kommt von Gott her. Es kann uns zum Nachdenken bewegen und zum lobenden Danken. Es findet einen hörbaren Ausdruck im Staunen über Gottes Güte, die keine Grenzen kennt.

Solche staunende Dankbarkeit führt zum verantwortlichen Umgang mit den Lebensmöglichkeiten unserer Erde. Wer alles empfängt als Geschenk, kann auch alles weiterschenken. Wer Gottes Mitverantwortung entdeckt im Wachsen und Reifen seines gesamten Lebens, wird eher bereit, ebenfalls Verantwortung zu tragen. Durch unseren Dank gegenüber Gott und durch unsere Hoffnung auf seinen Segen empfangen wir neue Anstöße, um unsere Welt zu gestalten.

Unsere Beobachtungen und Feststellungen münden wie selbstverständlich in den Dank an den Geber der guten Gaben. Der kann gar nicht oft genug wiederholt werden. Denn gerade am Erntedankfest bleibt er allzu ritualisiert: an diesem einen Gedenktag im Jahr gehört sich's eben so. Das ist jedoch zu wenig! Dann vergessen wir: Wer nicht danken kann, verliert die Verbindung zum Leben. Wer alles Wachsen als Erfolg der eigenen Anstrengungen bucht und jedes Reifen seiner Begabung zuschreibt, muß zusammenbrechen unter den Ansprüchen, die hieraus wachsen. Danken hält uns am Leben. Es erleichtert die Lasten der Gegenwart und öffnet die verschlossene Zukunft. Wer dankt, verliert seine tiefsitzende Angst, im Leben zu kurz zu kommen oder übervorteilt zu werden. Wer dankt, kann teilen, »richtig teilen«, wie es der brasilianische Erzbischof Helder Pessoa Câmara ausgedrückt hat: »Teilst du dein Brot ängstlich, / ohne Vertrauen, / ohne Wagemut, / überstürzt, / wird es dir fehlen. / Versuch es zu teilen, / ohne in die Zukunft zu denken, / ohne zu rechnen, / ohne zu sparen, / als ein Sohn / des Herrn über alle Ernten der Welt.«

So frei und unbeschwert leben wir als Gottes Kinder - täglich von neuem dankbar und fröhlich. »Drum dankt ihm, dankt und hofft auf ihn!«

Matthäus Apelles von Löwenstern:
»Nun preiset alle Gottes Barmherzigkeit«
EKG 380/EG 495

Text und Melodie gehen zurück auf Matthäus Apelles von Löwenstern, getextet und komponiert im Jahre 1644. Unübersehbar ist, daß der Stammteil des Evangelischen Kirchengesangbuches für das Erntedankfest an Liedgut nicht gerade viel bereit hält. Ich vermute, daß dieser Umstand unter vielen anderen Aspekten auch zu tun hat mit der nur noch bedingt vorhandenen Einsicht in die Bedeutung dieses kirchlichen Festes durch die Bevölkerung hierzulande. Das Wissen um die einfachsten Wachstumsvorgänge wie um die Komplexität einer Agrarkultur läßt in einer Industriegesellschaft zunehmend nach, und auch die Ernte ist zu einem Faktor im bloßen Errechnen des Bruttosozialproduktes geworden. Lob Gottes, Dank bzw. Bitte für/um seinen Segen treten in den Hintergrund da, wo die Devise letztlich heißt: »Ohne Gott und Sonnenschein fahren wir die Ernte ein!« Um so wichtiger scheint mir, daß das Lied EKG 380 bzw. EG 495 in seiner ganzen Breite »bei und nach der Ernte« zurückgreift auf die grundlegende Beziehung zwischen Gott als Schöpfer aller Lebensgrundlagen und dem Menschen, der seinerseits bedürftige Kreatur ist.

Strophe 1: Dieser Vers beginnt mit dem Aufruf zum Lobpreis Gottes, gerichtet an die »werteste Christenheit«. Gerühmt werden soll Gottes Barmherzigkeit, mit der er alle (Menschen) zu sich einlädt. Eine Anlehnung an Matthäus 11,28 ist möglich, aber nicht zwingend. Heute aus meiner Sicht problematisch, für die theologischen Strömungen des 17. Jahrhunderts jedoch stimmig, ist die Anrede »Israel« für das neue Gottesvolk: eben die weltweite christliche Gemeinde.

Strophe 2: Die Majestät Gottes (Jesajas Vision in Jes 6 liegt nahe!) bildet den Auftakt; sie ist ohne jeden Zweifel der »Eckstein« (*hebr. rosh pinnah*) für die Kostbarkeit der Schöpfung. Gott sitzt im Regimente; sein ist alles, was auf, über und unter der Erde ist. Auch wenn zahlreiche theologische Lehrgebäude mit der Angelologie dieses Liedverses, insbesondere nach der Rezeption der Entmythologisierung, Probleme haben mögen, bleibt das Bild vom Throne Gottes, der umgeben wird von vielen »tausend Engeln«, doch eine Herausforderung dafür, sich die wahre Rolle des Menschen zu vergegenwärtigen: Gott ist Gott und Mensch ist Mensch! Das will bedacht sein, auch und gerade zum Erntedankfest der Kirche!

Strophe 3: Ein klarer Missionsvers; ein Aufruf an die Heiden zur Beendigung ihrer Trauer. Die Begründung bleibt der Verfasser nicht schuldig: Gottes Wort ist Brot für die Welt. Problematisch empfinde ich hier den exponierten Ausdruck »ihr Heiden«. Wer sind die Heiden heute? Sind sie nicht in dem neuen Volk Gottes, also innerhalb der christlichen Gemeinde, genauso auffindbar wie außerhalb derselben?! Das Bild, das die Jüngerinnen und Jünger Jesu in ihren jeweiligen Gemeinschaften nach außen und auch nach innen hin abgeben, macht es »den Heiden« nicht gerade schwer, sich in ihrer Abgrenzung selbst zu gefallen. Mag der Begriff »Glaubwürdigkeit« auch nicht biblisch sein: Er ist und bleibt der Resonanzboden, auf dem die christlichen Kirchen und Gemeinschaften ihre Musik entfalten.

Strophe 4: Welch ein archaisch wirkendes Bild: Gott als Vater; als Familienvater, der seine ihm schutzbedürftig Anbefohlenen fürsorglich ernährt. Der Vater schafft die Grundlage und die Rahmenbedingungen für das Wohlergehen der ihm untergebenen Familienmitglieder. Wenn Sigmund Freud einst meinte, daß der biblisch-christliche Vater-Gott eine »regressive Erneuerung infantiler Schutzmächte« sei, so hätte er an diesem Liedvers gewiß seine Freud(e)! Das kritische Potential des menschlichen Intellektes ist seit dem 17. Jahrhundert stetig gewachsen und das heißt auch: Die Mündigkeit des Christen im Umgang, in der Begegnung mit biblischen Bildern ist größer geworden. Insofern müßte ein solcher Liedvers – schon allein aus hermeneutischen Gründen – übersetzt werden in eine Sprache, die keine Abwehr oder Abgrenzung provoziert, sondern zum Verstehen, zum Nachvollziehen und zum Einverständnis einlädt, ja geradezu »lockt«.

Strophe 5: Der Schlußvers knüpft an die Eröffnung in der ersten Strophe an. Er stellt die Konklusion dar für das in den Liedstrophen 2–4 Ausgeführte: Weil Gott barmherzig ist, soll und kann die Christenheit ihn loben, sein Lob »vermehren«. Erntedank ist – so betrachtet – nicht zuletzt ein Akt des Bekenntnisses, welchem sowohl die Erkenntnis (von Gottes Schöpferkraft) als auch die Anerkenntnis (von des Menschen Bedürftigkeit) vorausgehen. Erntedank heißt: ein Tun des Rechten dort, wo ich als Empfangender um meine »schlechthinnige Abhängigkeit« (*Schleiermacher*) weiß und daraus mein Leben verantwortlich gestalte.

Zu guter Letzt überliest und übersingt sich bei der Aussage »uns soll hinfort kein Unfall schaden« gerne, daß die Möglichkeit/Wahrscheinlichkeit von Unfällen bzw. Widrigkeiten des Lebens überhaupt nicht in Abrede gestellt wird. Allein, der aus und mit Dank sowie Lob Gottes existierende Mensch wird auch »Unfälle« in den Glauben an Gottes Barmherzigkeit, seine Güte und Treue integrieren können und nicht abspalten müssen. Gott in der Ambivalenz seiner Erscheinungsweisen lieben, so wie er den Menschen in seinen Brüchen und Abbrüchen liebt, erst das gibt dem Erntedankfest ein solides, theologisch fundiertes und christlich lebbares Woher und Wohin!

2. Predigtentwürfe

Ernte - Dank - Fest
1. Timotheus 4,4–5

Ein Zeitgenosse (Wilhelm Willms) stellt fest:

So reich waren wir nie wie heute –
so habgierig aber waren wir auch nie wie heute.
So satt waren wir nie wie heute –
so unersättlich waren wir aber auch nie wie heute.
So versichert waren wir noch nie wie heute –
so unsicher aber waren wir noch nie wie heute.
So viel Zeit hatten wir noch nie wie heute –
so gelangweilt aber waren wir noch nie wie heute.
So vielwissend waren wir noch nie wie heute –
so sehr Übersicht verloren haben wir noch nie wie heute.
So hochentwickelt waren wir noch nie wie heute –
so sehr am Ende waren wir noch nie wie heute.

So empfindet einer die Widersprüche unserer Tage, unseres Lebens. Vielleicht empfinden wir in ähnlicher Weise. Aber was soll das? Unser Thema heute heißt nicht »Resignation«, sondern »Erntedank«. Von der Ernte reden und schreiben viele. Feste feiern auch alle gern. Doch wer spricht vom Danken? Und wenn schon – wem gehört der Dank? Mir scheint, daß unser kurzer Predigttext alle drei Gesichtspunkte aufgreift: Ernte – Dank – Fest.

Zunächst die *Ernte:* Da vorne am Altar liegen und stehen sie – die großen und kleinen, bunten, vielgestaltigen Zeugen der Ernte. Es wuchs in diesem Jahr erstaunlich viel. Es gab eine sehr gute Ernte. Felder und Gärten erforderten viel Fleiß und Einsatz. Das, was mit viel Liebe und Engagement gespendet und aufgebaut wurde, steht stellvertretend für alles, was in unserem Leben »Ernte« bedeutet: die eine oder andere Anschaffung für unser

33

Zuhause, ein gutes Klima in unserer Familie oder gar am Arbeitsplatz und vieles andere mehr.

Sicher merken wir schon hier, daß »Ernte« keineswegs nur ein Ergebnis unserer eigenen Leistung ist, sondern sie stellt eine Gabe dar, ein Geschenk Gottes: Daß etwas wächst, kann kein Landwirt, kein Gärtner direkt von sich aus bewirken. Das alles ist eine einzigartige Gabe, eine anvertraute Gabe auf Zeit, eine Gabe, aus der wir leben und ernten dürfen.

Da steht nun in unserem Predigttext der Satz: »Alles, was Gott geschaffen hat, ist gut.« Beim ersten Hinhören fragen wir: Stimmt das eigentlich? Zunächst: Mit diesem Satz antwortet der Apostel auf eine große Herausforderung seiner Zeit. Es gab eine Strömung, die alles Körperlich-Materielle als minderwertig, ja als Quelle des Verderbens verwarf. Man meinte: Der Körper ist nur das schreckliche Gefängnis der Seele. Alles, was den Körper stärkt, schadet daher der Seele. Also sind auch alle Variationen von Genuß »Sünde«. Es galt die Devise: Haltet das körperliche Leben auf Sparflamme! Je eher es zugrunde geht, desto besser!

Paulus erwidert: »Alles, was Gott geschaffen hat, ist gut.« Ich darf mich über die vielen Gaben freuen, die Gott mir für mein Leben schenkt. Und ich habe kein Recht, über dem Wort Gottes etwa die Feldfrüchte geringzuschätzen oder über meinem Glauben die Ehe zu kurz kommen zu lassen. Ihr Lieben, liegt ein Stück dieser Gefahr bei uns nicht schon dort, wo wir den Kopf voller Probleme haben und dabei unsere Mahlzeiten gedankenlos in uns hineinschaufeln? Freilich, unsere Probleme sind heute doch etwas anderer Art: »Alles, was Gott geschaffen hat, ist gut« – und wir wissen nicht, ob wir bleivergiftete Petersilie unseren Kartoffeln beigeben. Wir wissen um den sterbenden Wald und um entwicklungsbedrohte Kinder; wir wissen um Dornen und Disteln, ebenso wie um wuchernde Krebszellen und den Aids-Virus; wir erfahren fast täglich von verheerenden Katastrophen und von zunehmenden Verbrechen. »Alles, was Gott geschaffen hat, ist gut« – auch der Mensch? Du? Ich?

Hier kommt der zweite Gesichtspunkt unseres Textes ins Spiel: Der *Dank*. Es ist zu lesen: »Nichts ist verwerflich, was mit Danksagung empfangen wird.« Für mich ist das die Schaltstelle der ökologischen Krise, der Umweltkatastrophe unserer Zeit: Versteht sich der Mensch noch als dankbar Empfangender, als verantwortlicher Verwalter der Schöpfung, die ihm von Gott anvertraut wurde? Oder nicht vielmehr als Eigentümer, dem selbstverständlich alles das gehört, was er nur irgend technisch beherrschen kann, der wild drauflos wirtschaftet, die Luft verpestet, Wasser verseucht, Ressourcen ausbeutet, nur um momentan bequemer, niveauvoller leben zu können, schneller von Ort zu Ort zu kommen, ausreichend mit Energie versorgt zu sein, sich mit Luxus zuschütten zu können. Hat sich nicht der Mensch längst an die Stelle Gottes gesetzt, braucht er Gott überhaupt noch?

Wenn gedankt wird, dann einem, der wieder eine Erfindung in dieser Richtung gemacht hat, auch wenn sie sich schon nach zehn Jahren als Verbrechen an der Umwelt und an der Überlebenschance einer kommenden Generation herausstellen sollte. Danken kann eigentlich nur der erlöste Mensch! Der von seinem entsetzlich triebhaften Egoismus befreite Mensch! Einer, der Gottes Wort vernimmt, der ihm die Antwort nicht schuldig bleibt und der bereit ist, Verantwortung für die ihm anvertraute Schöpfung zu übernehmen. Was verbietet sich danach einem selbst? Alles, was ich mir gewaltsam auf Kosten anderer angeeignet habe. Alles, was meine Lebenskraft unterhöhlt, wenn z.B. Essen und Trinken zum Fressen und Saufen entarten, wenn Herz und Galle eine deutliche Sprache sprechen, daß ich Gottes Gaben mißbraucht habe. Der Konsum von Giften gehört dazu, die mich zum Selbstmörder auf Zeit machen. Es wäre eine Lästerung, hierfür Gott zu danken.

Genug! Wir merken – ein wichtiger Test! Wofür ich Gott danken kann, das ist gut! Übrigens ist solche Dankbarkeit auch ein entscheidender Schritt in die Freiheit: Wer dankbar ist, kann auch ohne Neid sich mitfreuen an dem, was andere mehr oder besser haben. Wer dankbar ist, ist frei von der Zwangsvorstellung, sein Leben gewinne an Qualität, je mehr man Sachwerte um sich herum aufhäuft. Jesus sagte einmal: »Niemand lebt davon, daß er viele Güter hat.« Im Gegenteil: So mancher, der viele Güter hat, lebt gar nicht mehr, sondern vegetiert so vor sich hin. Es gibt da diesbezüglich in den alten und neuen Bundesländern keine Unterschiede. Wer dankbar ist, gewinnt auch die Freiheit abzugeben, mit anderen zu teilen. Er betrachtet es nicht als selbstverständliche Pflicht Gottes, ihn ausreichend und überfließend zu versorgen. Sondern er fühlt sich mitverantwortlich für die unerträgliche Tatsache, daß es eine technisch und wirtschaftlich hoch organisierte Menschheit nicht fertig bringt, gerechten Ausgleich zwischen Nord und Süd, zwischen arm und reich, zwischen satt und hungrig zu schaffen.

Der dritte Gesichtspunkt unseres Predigttextes: Das *Fest*. Wer die Abgründe in uns und um uns bedenkt, dem ist keineswegs festlich zumute. Dem müßte ein Fest vorkommen, wie der Tanz auf einer dünnen Eisschicht über tödlichen Tiefen. Aber durch den Glauben an Christus kann man guten Gewissens ein Fest begehen, wo man die Schöpfung nach wie vor in den Händen ihres Schöpfers weiß, wo man mit den Kräften der Erlösung rechnet und wo man im Vertrauen auf Gottes Zusage nicht dem Untergang, sondern der Vollendung entgegengeht. Das ist nicht eine Frage des Optimismus, sondern eine Frage des Heiligen Geistes. Erntedank kommt auch nicht ohne den dritten Glaubensartikel aus. »Was Gott geschaffen hat, wird geheiligt durch das Wort Gottes und das Gebet.« Deshalb ist es nicht provinziell, sondern legitim, daß auch angesichts so vieler Nöte in der Welt die Gemeinde Jesu Gott über seinen Gaben preist. Und deshalb brauchen wir Gottes gute Gaben daheim nicht mit ständig schlechtem Gewissen anzunehmen, sondern dürfen und sollen dem Vater im Himmel als seine geliebten Kinder einfach »Danke« sagen. Hier wird es ganz praktisch. Die christliche Gemeinde hat vom alten Volk Israel bewußt das *Tischgebet* übernommen. Die Frage sei erlaubt: Ist das Tischgebet in unseren Familien noch lebendig? Oder müßte es neu belebt werden? Natürlich geht es nicht darum, gewohnheitsmäßig ein Gebet herunterzurasseln, nur um seiner Pflicht zu genügen. Das Tischgebet hat nur dann seine Berechtigung, wenn unsere Herzen mit beteiligt sind.

Ein ehrliches Tischgebet hält das Bewußtsein wach: Alles ist Gottes Gabe; auch wenn alles im Laden gekauft und zu Hause zubereitet wurde. Ein Tischgebet macht deutlich: Wir sind Beschenkte Gottes, und das nicht nur zu den Mahlzeiten, sondern mit jedem Atemzug. Wenn wir gebetet haben, dann wird uns das Mäkeln unmöglich sein. Was einmal durch ein Gebet gesegnet wurde, wird sicher seltener im Müllkübel landen. Vielleicht macht dies den inneren Kern des heutigen Festes aus, daß wir eine ganz neue Einstellung zu Gottes guten Gaben gewinnen. Und das wäre allerdings nicht nur das Werk des Intellekts, sondern die Wirkung des Heiligen Geistes.

Ein letzter Gedanke noch: Gott deckt uns auch heute den Tisch nicht nur mit den Früchten des Feldes und der Gärten, sondern auch mit seinem Leib und Blut im Heiligen Abendmahl. Wir können an den Einsetzungsworten unseres Herrn noch einmal nachbuchstabieren, daß alle diese Gesichtspunkte, die wir nann-ten, zusammengehören: Jesus nimmt die Erntegaben des Vaters: Brot und Wein. Jesus spricht über ihnen das Dankgebet. Jesus teilt die Gaben aus und schenkt anderen Anteil an diesen Gaben. Er heiligt die Gaben durch sein Wort zum Mittel der Erlösung: »Das ist mein Leib, der für euch gegeben wird ... das ist mein Blut, das für euch vergossen wird.« Jesus stiftet somit das Fest der Freude, von ihm bewirtet und angenommen zu sein, das heißt: »Solches tut zu meinem Gedächtnis!«

Ernte - Dank - Fest: Drei Gesichtspunkte - drei Glaubensartikel - und doch eine unteilbare Einheit. Ob wir sie begreifen, ob wir sie leben - das wird darüber entscheiden, ob wir nicht nur Geseg-nete Gottes sind, sondern ebenso seine Segensvermittler für Andere.

Anmerkung: Nach diesem leidenschaftlichen Plädoyer für das Tischgebet empfiehlt es sich, eine Auflistung einiger Gebete am Ausgang als Geschenk zu überreichen.

Gebt ihr ihnen zu essen!
Matthäus 14,13–21

Zwei Meldungen zum Erntedankfest, wie sie morgen in der Zeitung stehen könnten.

Bochum: In den Bochumer Kirchen wurde gestern wieder das Erntedankfest gefeiert. Viele Menschen nahmen an den Gottesdiensten teil, um Gott dafür zu danken, daß es ihnen so gut geht. Die Altäre wurden reich ausgeschmückt mit Waren aller Art. Lebensmittel, Obst, Gemüse und Genußmittel türmten sich auf Tischen und in Körben – ein Ausdruck des Wohlstandes, der fast alle Schichten der Bevölkerung erreicht hat. Die gespendeten Artikel werden nach dem Fest an Bedürftige verteilt.

Ougadugu: In der afrikanischen Stadt Ougadugu wurde gestern das Erntedankfest *nicht* gefeiert. Warum sollte man auch? Zu ernten gab es hier bereits seit fünf Jahren nichts mehr. Zu Tausenden stehen Männer, Frauen und Kinder jeden Tag vor den Verteilstellen der Hilfsorganisationen und hoffen, eine Handvoll Reis zu erhalten. Viele gehen jedoch leer aus, da der Zustrom der Flüchtlinge aus dem Norden Tag für Tag anwächst. Nach Angaben der Vereinten Nationen steht für dieses Jahr wieder eine Hungerkatastrophe ungeahnten Ausmaßes bevor. Wenn nicht bald Hilfe kommt, werden die Betroffenen die nächsten Wochen kaum überleben.

Zwei Meldungen zum Erntedankfest, wie sie morgen in der Zeitung stehen könnten. Regt uns das noch auf? Oder haben wir uns inzwischen so sehr daran gewöhnt, daß es auf der Welt reiche und arme Menschen gibt? Das wäre schlimm! Läßt sich unser Denken am Erntedankfest in dem Satz zusammenfassen: »Lieber Gott, ich danke Dir, daß ich täglich satt werde, weil ich zu den Reichen gehöre«? Das wäre noch schlimmer! Oder vermuten wir gar: Wenn Gott es wollte, daß alle Menschen satt werden, dann würde er es schon so einrichten?

Das wäre am schlimmsten, wenn wir so dächten! Auf den ersten Blick mag ja der Bibelabschnitt für diese Predigt so zu verstehen sein. Jesus ist der Brotkönig. Er kann die Probleme lösen. Er kann

5000 hungrige Männer – Frauen und Kinder nicht mitgerechnet – mit fünf Broten und zwei Fischen satt machen. Darüber hinaus bleiben noch zwölf Körbe übrig. Dieser Jesus kann das! Er wird – wenn es Gottes Wille ist – auch schon helfen. So fromm dieser Satz auch klingen mag, er wäre kein Bekenntnis, sondern im wahrsten Sinne des Wortes »Gott-los«. Auf diese Weise würde nämlich Gott die Verantwortung dafür zugeschoben, daß zwei Drittel der Weltbevölkerung nicht ausreichend zu essen hat. »Wenn Gott will, dann kann er!«, das kann nicht der Sinn der Erzählung von der Speisung der 5000 sein. So würden wir aus der Geschichte alles mögliche machen, aber nicht ein Evangelium, eine frohe und frohmachende Botschaft. Es ist doch alles andere als frohmachend, wenn in dieser Welt alle zwei Sekunden ein Kind verhungert, während auf der anderen Seite der Erde Menschen Überfluß haben und Lebensmittel vernichtet werden.

»Entlaß nun die Volksmenge, damit sie in die Ortschaften gehen, um sich Speise zu kaufen«, so wird Jesus von den Jüngern gedrängt. Das sieht auf den ersten Blick nach Fürsorge aus. Aber es klingt so ähnlich wie: »Die armen Menschen tun uns wirklich leid. Doch ist es nicht auch ein wenig ihre Schuld? Die müssen lernen, mit ihrem wenigen umzugehen. Wir können uns doch wirklich nicht um alles kümmern. Sollen sie doch selbst ihre Probleme in die Hand nehmen und lösen.« Auch das wäre wohl kaum eine frohmachende Botschaft. Es ist alles andere als frohmachend, sich zurückzulehnen und gute Ratschläge zu geben. Damit habe ich die Sache vom Tisch, und der andere soll zusehen, wie er fertig wird.

Jesus sagt: »Sie brauchen nicht fortzugehen. Gebt *ihr* ihnen zu essen!« Ich glaube, hier haben wir es mit einem Kernsatz der Erzählung zu tun. Jesus läßt nicht zu, sich aus der Verantwortung zurückzuziehen. Er beauftragt statt dessen seine Jünger, für andere zu sorgen. Er sagt: »Die Not der Menschen ist Euer Problem! Ihr habt das Essen, also habt ihr auch zu teilen, was da ist!«

Man muß sich das einmal vor Augen führen, daß auf der Welt so viel Getreide produziert wird, um die gegenwärtige Weltbevölkerung mit 3000 Kalorien täglich zu versorgen, aber dennoch werden zwei Drittel aller Menschen nicht satt. Ich will jetzt die Probleme nicht vereinfachen, aber ist das nicht eine Folge ungerechter Verteilung? Eine deutsche Durchschnittsfamilie mit vier Personen ißt pro Tag mehr als ein indisches Ehepaar mit 18 Kindern.

In Lateinamerika befinden sich über 90% aller produzierten Güter in den Händen von knapp zehn Prozent der Bevölkerung. Die große Masse der Menschen muß also mit weniger als einem Zehntel der Waren auskommen. Indien und Lateinamerika sind zwar weit weg, aber hier bei uns werden Jahr für Jahr Millionen Tonnen an Obst und Gemüse auf die Müllhalden gekippt, um die Preise zu halten. Und das ist nicht ein Problem der Politiker und Wissenschaftler, sondern ein Problem der Menschheit, also auch von uns. »Gebt *Ihr* ihnen zu essen«, sagt Jesus in der Geschichte zu den Jüngern, und er meint damit alle, die sich nach seinem Namen nennen. Er fordert uns zu einer gerechteren Verteilung auf. »Gebt *Ihr* ihnen zu essen!«

Wir haben hier in der Kirche einen Erntedankaltar aufgebaut. Lebensmittel und Früchte als Ausdruck der Dankbarkeit für die Gaben, die Gott uns anvertraut hat. Dank für empfangene Gaben ist aber ein Anlaß, über das Teilen nachzudenken. Wir sollen teilen, damit unser tägliches Brot zum Brot für die Welt wird. Das wäre recht verstandenes Danken, wenn es uns zur Verantwortung für andere führen würde. Auf einer Sammeldose der Aktion »Brot für die Welt« las ich einmal: »Wenn Du wieder satt geworden bist, dann gib 5 Pfennig für die Armen.« Ein ganz schlichter Satz. Was aber würde passieren, wenn jeder und jede Satte diese Aufforderung beherzigte? Unsere Welt sähe sicher anders aus. Ich denke, wir sollten nicht darauf warten, bis sich die großen Dinge ändern. Vielleicht fangen wir im Kleinen an.

Gesegnet, um ein Segen zu sein
1.Mose 12,2

Wenn man nach einem roten Faden Ausschau hält, der sich durch die ganze Bibel hindurchzieht, dann findet man ihn bereits ganz am Anfang in 1. Mose 12,2. Da spricht Gott zu Abraham: »Ich will dich segnen, und du sollst ein Segen sein.« Am heutigen Erntedankfest wollen wir über die Bedeutung dieses wichtigen biblischen Wortes nachdenken. »Ich will dich segnen«. – Was ist das: Gottes Segen? Gottes Segen – das meint in erster Linie, daß unser Leben gelingt. Im einzelnen bedeutet es Folgendes: Gott segnet uns, indem er uns unser tägliches Brot gibt. Auf dem Altar und dem Tisch liegen die Früchte der Bäume, des Feldes und der Erde, die uns sättigen. Gott segnet uns mit unserem Glauben. Er hat Christus seinen Sohn zu uns Menschen gesandt, daß Christus uns in Gottes Gemeinschaft ruft. Denn Gott weiß, daß wir Menschen seine Gemeinschaft nötig haben. Daß wir seine Nähe brauchen, die wir im Gebet erfahren können. Daß wir eine Hoffnung zum Leben brauchen, auch eine Hoffnung über den Tod hinaus. Gott selber, der Ewige und All-mächtige, er ist unsere Hoffnung. Er hat uns eingereiht in die Gemeinschaft seiner Kinder, der Kirche.

Gott segnet uns auf vielfältige Weise: mit dem täglichen Brot – mit unserer Arbeitskraft – mit Geld – mit Gesundheit – mit Lebensmut und mit unserem Glauben. Wir haben alle mehr als einen Grund, Gott von Herzen dankbar zu sein, auch dann, wenn dieser oder jener Punkt, den ich eben aufgezählt habe, in unserem Leben nicht ohne Probleme ist.

Gott will uns segnen: Ja. Aber reicht es, zu sagen: Hauptsache: Gott segnet *mich*; Hauptsache: *ich* werde satt; Hauptsache: *ich* habe einen Arbeitsplatz; Hauptsache: *ich* komme zurecht; Hauptsache: *ich* glaube. Ist es richtig, so zu denken? Nun, ich hoffe, daß jeder-mann erkennt, daß das eben ein sehr egoistischer Standpunkt ist, nicht unbedingt ein christlicher. Damit ist allerdings nichts darüber gesagt, ob sich nicht viele Menschen in unserem Land genau so ver-halten: Hauptsache: *ich* werde satt; Hauptsache: *ich* komme zurecht; Hauptsache: *mir* geht es gut. Unser Wort aus dem Alten

Testament sagt: »Ich will dich segnen, und du sollst ein Segen sein.« Was ist nach diesem Wort die Hauptsache? Sicher ist es wichtig, daß Gott mich segnet, aber nach diesem Wort ist es genauso wichtig, daß ich von dem empfangenen Segen etwas *weitergebe*, daß ich also anderen zum Segen werde.

Als Pastor habe ich viel Gelegenheit, mit älteren Menschen zu sprechen. Eines habe ich immer wieder gehört, und das sollte uns allen zu denken geben: Früher – so berichten die Älteren – früher waren die Menschen sehr viel ärmer und entsprechend bescheidener. Da war vieles – z.B. das Heizen – noch nicht so bequem wie heute. Und doch waren die Menschen ausgeglichener und zufriedener als heute, wo wir im Überfluß leben und vieles als selbstverständlich empfinden, von dem die Älteren nicht einmal zu träumen wagten. Was stimmt da nicht an unserem Wohlstandskonzept? Hat der Wohlstand uns zum Wohlleben verführt, so daß viele Menschen Gott und ihren Nächsten aus den Augen verloren haben? Wie der reiche Mann blind für Gottes Wort und die Not seines Nächsten wurde, als er Lazarus vor seiner Tür liegen ließ, ohne ihm zu helfen. Nicht der Reichtum als solcher war das Problem, sondern problematisch war, daß der Reiche durch seinen Wohlstand engherzig wurde. Er gab seinen Reichtum, seinen Segen, nicht an Lazarus weiter, über dessen Not er doch förmlich stolpern mußte, wenn er sein Haus verließ. Wird bei uns der Erwerb unseres Lebensunterhalts zum einzigen Lebensinhalt, so daß wir verführt werden, Gott und den Nächsten aus den Augen zu verlieren?

Unser Wort 1. Mose 12,2 kann uns sehr hilfreich werden und vielleicht auch eine fällige Korrektur unseres Lebensstils bewirken. »Ich will dich segnen – und du sollst ein Segen sein.« Wenn wir dieses beides sehen: Gott segnet uns – und wir sollen den empfangenen Segen an andere weitergeben – wenn wir dieses beides ernst nehmen, dann gesunden wir. Dann kommen wir heraus aus egoistischer Engherzigkeit. Wenn wir für Gottes Segen wirklich dankbar sind, dann werden wir seinen Segen auch dankbar weitergeben:

So wie es alle jene tun, die für Brot für die Welt eine ihren Möglichkeiten entsprechende Spende geben, die den Namen Dankopfer verdient. Oder wie es jene machen, die ein Patenkind in der

Dritten Welt mit einem monatlichen Betrag unterstützen. So wie jene Menschen, die dankbar für ihre Arbeitsstelle sind und denen zu helfen sich bemühen, die keine Arbeit haben. Die etwa, wenn sie einen Betrieb haben, einem ehemaligen Strafgefangenen eine Arbeitsstelle und damit eine neue Lebenschance geben. Mancher bemüht sich auch um eine Klarheit der Atmosphäre und widerspricht denen deutlich, die alle Arbeitslosen pauschal verdächtigen und als Faultiere hinstellen. Oder sie zahlen auf ein Konto – so geschieht es z.B. im kirchlichen Bereich – freiwillig Geld ein, das für die Beschäftigung ausgebildeter Diakone, Organisten oder sonstiger Mitarbeiter verwendet wird.

Wir haben zu Beginn des Gottesdienstes die Geschichte vom reichen Kornbauern gehört. Diese Geschichte will uns sagen: Wer nur an sich selber denkt, wer den *Segensfluß* nur in seine Scheune lenken will, der unterbricht den *Lebensfluß*. Dessen Leben hat keine Zukunft. Seine Lebensernte ist der Tod. Wer aber den Segen, den Gott ihm schenkt, als Gottes Gabe erkennt, der wird ihn mit Dankbarkeit aus Gottes Hand nehmen. Er wird in der Gemeinschaft Gottes – des Gebers des irdischen und des ewigen Lebens – bleiben, bleiben wollen. Weil er ein dankbarer Mensch ist, wird er auch ein zufriedener Mensch sein. Und darum wird er auch etwas von seinem Segen an andere Menschen weitergeben, Nächstenliebe üben und so das Leben anderer fördern, wie auch immer im einzelnen das bei jedem von uns aussieht. Gott schenke uns einen Lebensstil, der von dem Wort 1.Mose 12,2 geprägt ist: »Ich will dich segnen, und du sollst ein Segen sein.«

Erntedank – Jahresbilanz
Lukas 12,13–21

Erntedank – Jahresbilanz! Im Rückblick sieht sie für jeden anders aus. Ich denke daran, daß ich jeden Tag zu essen hatte, gut und reichlich. Nie war etwas knapp. Hunger habe ich nicht gehabt – höchstens Appetit. Im Kühlschrank war immer etwas; was ich auch haben wollte, konnte ich im Geschäft kaufen. Ich habe selbst nicht gesät und doch geerntet. Dafür danke ich Gott von ganzem Herzen. Doch meine Ernte war viel reichhaltiger. Sie bestand nicht allein aus Essen und Trinken. Erntedank ist für mich nicht ausschließlich Dank für die Ernte im Garten und auf dem Feld. Ich danke für jede schöne Minute, die mir vergönnt war, die unvergeßlichen Erlebnisse im Urlaub, die Herzlichkeit der Leute mir, dem Ausländer gegenüber, die genossene Gastfreundschaft in vielen Häusern, manche helfende Hand und manches tröstende und aufbauende Wort. Ich habe materielle Dinge geerntet, aber der geistliche Segen war vielleicht noch wichtiger für mich. Rückblickend kann ich nun sagen: »Herr, ich danke dir für mein Leben. Es war im letzten Jahr manchmal schwer, aber es war auch schön, ja das Schöne hat überwogen. Herr, es ist wunderbar alles, was du uns schenkst.«

Wie eine kalte Dusche wirkt da die Geschichte vom reichen Kornbauern. Seitens des Evangelischen Bauernwerks in Baden-Württemberg wurde sogar schon der Wunsch an die Kirche herangetragen, diesen Predigttext am Erntedankfest auszuklammern: »Das Bild eines Bauern, das darin dargestellt wird, schlägt unseren Landwirten, die am Erntedankgottesdienst teilnehmen, mitten ins Gesicht.«

Woher kommt diese große Betroffenheit, wo es doch bei uns kaum reiche Bauern gibt? Heute leben doch viele Landwirte mit großen Zukunftsängsten und können kaum ihre Investitionen erwirtschaften. In dieser Geschichte geht es nicht um Bauernschelte, sondern um eine bestimmte Lebenshaltung, die in vielen von uns steckt. Egal, ob man die Geschichte vom reichen Bauern erzählt oder sie umwidmet als die Geschichte vom reichen Unternehmer oder Bankier. Es ist und bleibt immer unsere Geschichte. Es ist die Geschichte eines Menschen, der nicht ruhen kann, dessen einziger Lebensinhalt im Schaffen besteht, der keine Zeit hat, zur Besinnung zu kommen, für den es keinen Sabbat, keinen Ruhetag gibt, der sich keine Zeit zum Leben nimmt.

Vielleicht würde Jesus die Geschichte heute so erzählen: »Ein Mann hat einen großen Terminkalender und sagte zu sich selbst: Nun sind alle Termine eingeschrieben, aber noch sind die Tagung X und die Sitzung Y nicht eingetragen. Ich brauche einen Kalender mit einer größeren Stundeneinteilung, damit ich auch die Abend- und Nachtstunden noch verplanen kann. Planung ist das halbe Leben, da vergißt man so leicht nichts. Für bestimmte Dinge war aber trotzdem kein Platz im Kalender, z.B. mit den Kindern spielen, mit der Frau über ihre täglichen Probleme reden, einfach mal dasitzen, den Sonnenuntergang beobachten und den Vögeln bei ihrem Gesang zuzuhören, in der Bibel zu lesen oder sonntags den Gottesdienst zu besuchen oder einfach zu sagen: »Herr, ich danke dir für alles!«. Irgendwann wird Gott zu ihm sagen: »Du Narr, diese Nacht stehst du in meinem Terminkalender!« Ist nicht die Geschichte vom reichen Kornbauern ein Stück weit unser aller Geschichte? Es ist die Geschichte des modernen Menschen, der immer etwas tun muß, von Termin zu Termin hetzt, Leistung vorweisen will und seiner Seele einredet, daß im Leben nur zählt, was an Dingen dabei herauskommt. Es ist die Geschichte des ewig Unzufriedenen, der immer mehr haben will. Wilhelm Willms schreibt über die Armseligkeit eines solchen Lebens: »So reich waren wir nie wie heute, so habgierig aber waren wir auch nie wie heute. So viele Kleider hatten wir nie wie heute, so nackt, so ausgezogen aber waren wir auch nie wie heute. So satt waren wir nie wie heute, so unersättlich aber waren wir auch nie wie heute. So schöne Häuser hatten wir nie wie heute, so unbehaust, so heimatlos aber waren wir nie wie heute. So vielwissend waren wir nie wie heute, so sehr die Übersicht verloren haben wir nie wie heute. So viel Licht hatten wir nie wie heute, so dunkel aber war es nie wie heute. So eng aufeinander haben die Menschen nie gelebt wie heute, so weit weg voneinander aber waren die Menschen nie wie heute. So hoch entwickelt waren wir nie wie heute, so sehr am Ende aber waren wir nie wie heute.«

Wir vergessen heute allzuleicht, daß der Mensch sein Leben nicht aus sich selbst hat und daß der wahre Reichtum nicht aus dem besteht, was er besitzt. Wir vergessen allzuschnell, daß wir alles aus Gottes Hand empfangen und wie sehr wir aufeinander angewiesen sind. Wir verdrängen, daß der Segen, der über uns liegt, auch seine Verpflichtungen mit sich bringt gegenüber denen, die weniger gesegnet sind. So heißt es z.B. im 3. Buch Mose 19,9f über die Heiligung des täglichen Lebens: »Wenn du dein Leben aberntest, sollst du nicht alles bis an die Ecken deines Feldes abschneiden, auch nicht Nachlese halten. Auch sollst du in deinem Weinberg nicht Nachlese halten oder die abgefallenen Beeren auflesen, sondern dem Armen und Fremdling sollst du es lassen: ich bin der Herr euer Gott,« und V.33: »Wenn ein Fremdling bei euch wohnt in eurem Land, den sollt ihr nicht bedrücken. Er soll bei euch wohnen wie ein Einheimischer unter euch, und du sollst ihn lieben wie dich selbst; denn ihr seid auch Fremdlinge gewesen in Ägyptenland, ich bin der Herr, euer Gott.«

Als die Gesetze verkündet wurden, war das Gottesvolk weiß Gott nicht mit großem Reichtum gesegnet. Aber es hatte genug zum Leben und genug, um mit anderen zu teilen. An diese Verpflichtung müssen wir erinnert werden, wenn wir Erntedank halten und Bilanz ziehen. Gott mit Worten zu danken, ist das Eine. Solidarität mit den Schwachen und Verfolgten zu zeigen, ist das andere, was Gott von uns erwartet. Es ist entsetzlich zu hören, mit welchem Haß gerade in der letzten Zeit gegen verfolgte Ausländer in unserem Land vorgegangen wird. Es ist höchste Zeit, daß die Christen in unserem Land ihre Nächsten- und Fremdenliebe offen zeigen und diesem Treiben ein deutliches Signal entgegensetzen.

Auch ihr wart Fremdlinge. So manche Familie ist auf der Flucht hier hängen geblieben. Jeder war schon auf fremde Hilfe angewiesen. Wer seinen Urlaub nicht in der Heimat verbringt, ist dort ein Ausländer. Unser Wohlstand entspringt nicht allein aus deutschem Boden, er wächst auch im Ausland und mit Hilfe der Ausländer, die jetzt hier so mit Haß verfolgt werden. Das übersehen wir leicht, wenn wir nur unseren vollen Terminkalender sehen.

Erntedank ist Zeit zur Besinnung. Woraus lebe ich, wofür lebe ich? Herr, wir leben, weil du uns das Leben und was dazu nötig ist, schenkst. Unsere Arbeit wäre vergebens ohne deinen Segen. Wir leben nicht aus uns selbst, sondern aus dir und für dich. Du zeigst uns, was das Leben reich macht: Liebe geben und Liebe empfangen.

Mach uns zu dankbaren Menschen, die deine Liebe weitergeben.

Nur einer kam zurück
Lukas 17,11–19

Erntedankfest – das war ein Tag, auf den ich mich schon als Kind immer sehr gefreut habe. Irgendwie erinnerte mich das alles ein wenig an Weihnachten: Die volle Kirche, schön festlich ausgeschmückt. Das ist schon ein buntes Bild, wenn man das so sieht, was da am Altar aufgebaut liegt. Und dann sangen wir immer: »Wir pflügen und wir streuen den Samen auf das Land. Doch Wachstum und Gedeihen liegt in des Himmels Hand.« Ich habe dieses Lied damals sehr gern gesungen. Es klang so schön. Schon dieses Liedes wegen war das Erntedankfest für mich Jahr für Jahr ein Erlebnis. Vor einiger Zeit sah ich einmal einen Film über die Erntedankfestbräuche in Bayern. Da wurde von einem Dorf berichtet, in dem die Bauernfamilien mit einem bunt geschmückten Erntewagen in die Kirche fahren. Die Menschen haben ihre Festtagstracht an, und auf dem Wagen sind Feldfrüchte und andere Gaben, die dann in feierlichem Zug in die Kirche gebracht und vor den Altar gelegt werden als Dank gegen Gott für die Ernte. Erntedankfest der Kinder – Erntedankfest der Tradition und des Brauchtums in ländlichen Gebieten.

Erntedankfest aber in der heutigen Zeit? Im Dickicht der Städte? In einer Industriegesellschaft, die von Nahrungsmittelkonzernen und Supermärkten beherrscht ist? In einer Gesellschaft, wo man durch Kunstdünger, Treibhäuser, Europäischen Binnenmarkt und Warentermingeschäfte nicht mehr so unbedingt auf Wachstum und Gedeihen aus des Himmels Hand zählen will. Erntedankfest – paßt das überhaupt heute noch?

Und wenn ja, was hat es uns dann zu sagen?

Lassen Sie mich Ihnen eine Geschichte aus der Bibel vorlesen. Eine Geschichte, die vielleicht auf den ersten Blick nicht sehr viel mit dem Erntedankfest zu tun haben mag.

Verlesen des Predigttextes

Da begegnet Jesus zehn Aussätzigen. Menschen, die unter einer furchtbaren, für uns kaum vorstellbaren Krankheit litten. Aussatz

– das ist Lepra. Eine Krankheit, die den Körper zerstört und entstellt. Eine Krankheit, die aber auch alle Verbindungen zu anderen Menschen zerreißt. Wer Lepra hat, der ist aus der Gemeinschaft mit anderen ausgeschlossen. Ein Lepröser vegetiert draußen vor der Stadt. Wenn er Glück hat, dann wirft ihm irgendeine barmherzige Seele etwas zu essen hin. Und das durfte sich der Kranke auch dann erst nehmen, wenn der Spender sich weit genug entfernt hatte. »Unrein, unrein«, so mußten damals die Aussätzigen rufen, wenn sich ihnen jemand unbeabsichtigt näherte. »Unrein«, das heißt auch: Keine Verbindung mit dem Gottesdienst und mit dem Gebet. Mit solchen Leuten also trifft Jesus zusammen. Und sie werden von ihm geheilt.

Den meisten von uns ist die Geschichte seit unserer Kindheit vertraut. Wir kennen sie unter der Überschrift »Die Heilung der zehn Aussätzigen«. Aber diese Überschrift gibt nur einen ziemlich unbedeutenden Aspekt der Geschichte wieder. Denn der Schwerpunkt liegt an einer anderen Stelle. Da wird nämlich die Heilung fast nur am Rande erwähnt. Statt dessen nimmt die Passage mit dem einen, der zurückkehrt und sich bedankt, einen viel breiteren Raum ein. Deshalb lautet die Überschrift heute auch oft »Der dankbare Samaritaner«. Da erfahren Menschen Gottes Hilfe. Nicht nur ihr Körper wird wieder geheilt, sondern sie werden auch zurückgeführt in die Gemeinschaft mit anderen. Mit ihren Familien, ihren Freunden, ihren Nachbarn. Es ist gut vorstellbar, welch große Freude bei den nun Gesunden herrschte. Mit dieser glücklichen Wendung hatte ja wohl niemand mehr gerechnet. Aus verloren Geglaubten sind plötzlich Wiedergefundene geworden. Eine tolle Sache. Aber nur einer kehrt um, um sich zu bedanken. Die anderen werden von der Freude mitgerissen, und irgendwann haben sie sich an den Zustand des Gesundseins gewöhnt und gehen zur Tagesordnung über.

In unserer Geschichte ist Jesus betroffen darüber, daß nur einer von zehn nicht vergessen hat, wer es war, der ihn gesund gemacht hat. Nur einer hat begriffen, daß hier eine Macht am Werk war, die unserer eigenen Kraft entzogen ist.

Ich denke, die Geschichte paßt zum heutigen Tag. Sie gönnt uns unsere Freude über all das Gute, das uns begegnet ist. Aber bei dieser Freude sollen wir nicht stehenbleiben. Die Geschichte will uns da abholen und hinführen zu dem, der der eigentliche Grund für unsere Freude ist. Erntedankfest stellt uns zum Beispiel unsere vollen Tische vor Augen. Wir werden täglich satt. Das ist ein Grund zur Freude, ganz sicher. Aber diese Freude ist nicht das Letzte. Sie soll umschlagen in Dankbarkeit gegen den, der diese Welt so ausgestattet hat, daß genügend Nahrung produziert werden kann. Außerdem leben wir in unseren Breiten in ziemlichem Frieden. Auch das ist ein Grund zur Freude. Aber aus dieser Freude heraus soll ein Dank erwachsen gegen den, der ein Gott des Friedens ist. Da ist in unserem Leben vieles so selbstverständlich geworden, daß wir uns kaum noch Gedanken darüber machen. Der heutige Tag will uns die Augen dafür öffnen, daß manches in Wirklichkeit gar nicht selbstverständlich ist.

Der Frankfurter Pfarrer Lothar Zenetti hat dieses vermeintlich Selbstverständliche in ein Gebet hineingefaßt und aufgezeigt, daß es eben nicht so selbstverständlich ist:

Ich danke Dir für mein Leben,
andere verrecken, während ich lebe.
Ich danke Dir, daß ich atmen kann,
andere röcheln unter Sauerstoffmasken.
Ich danke Dir, daß ich gesund bin,
andere siechen dahin, da mir's gut geht.
Ich danke Dir, daß ich zu essen habe,
so viele schreien nach Brot.
Ich danke Dir, daß ich in Frieden lebe,
so viele kennen nur den Krieg.
Ich danke, daß der Glauben mir Halt gibt,
viele wissen nicht, was das ist: glauben.
Ich danke, und frage doch beunruhigt,
warum die anderen, nicht ich, das Kreuz tragen.

(aus: L. Zenetti, Texte der Zuversicht, München 1972, S. 34)

Jeder von uns wird weitere Selbstverständlichkeiten aus seinem eigenen Bereich diesem Gebet hinzufügen können. Selbstverständlichkeiten, die sich bei näherem Hinsehen eben nicht als selbstverständlich erweisen. Erntedankfest – kein Fest der Erinnerungen an die eigene Kindheit und auch kein Fest für bestimmte ländliche Traditionen. Erntedankfest heute – das ist ein Aufruf an uns, umzudenken. Dieser Tag will uns den Blick öffnen für das, was Gott an uns Menschen tut, im kleinen wie im großen. »Einer aus der Gruppe kam zurück, als er das merkte. Laut lobte er Gott. Er fiel vor Jesus nieder und dankte ihm. Jesus sprach zu ihm: Zehn habe ich gesund gemacht. Wo sind die neun anderen? Nur dieser Fremde ist zurückgekommen, um Gott die gebührende Ehre zu erweisen? Dann sagte er zu dem Mann: Steh' auf, dein Vertrauen hat Dich gesund gemacht.«

(Die gute Nachricht)

Gebe Gott uns dieses Vertrauen, ihm täglich für all' das zu danken, was er uns gibt.

Erntedank kann auch »Nein danke« heißen
Lukas 12,16–21

Unser Predigttext für den heutigen Erntedanktag ist sozusagen ein »Selbstläufer« für diesen Tag: das Gleichnis Jesu vom reichen Kornbauern. Schon oft haben viele von uns dieses Gleichnis gehört, schon oft haben Sie sich darüber gewundert, schon oft haben viele von uns sich über das Gleichnis geärgert. Die Geschichte vom reichen Kornbauern ist deshalb so wichtig, weil es Jesus mit wenigen Worten in dieser Geschichte gelingt, eine wesentliche Lebensfrage zu stellen. Hören wir zunächst noch einmal in dieses Gleichnis hinein:

Ein reicher Kornbauer hatte eine gute Ernte. Er war mit sich und seiner Welt zufrieden. Und das war gut so. Er kannte damals noch keine EG-Quoten und EG-Richtlinien und baute sich neue und größere Scheunen, um seine Ernte unterzubringen. Er war mächtig stolz auf sich und seine Arbeit. Mit Recht auch! Er sprach zu sich selbst: »Ich habe jetzt gut für die nächsten Jahre vorgesorgt, ich kann jetzt die Beine hochlegen, essen und trinken und den lieben Gott einen guten Mann sein lassen.« Aber Gott sagte zu ihm: »Du Narr, heute Nacht werde ich dein Leben von dir fordern – und wem soll dann dein angehäufter Reichtum gehören?«

Jesus schließt jetzt das Gleichnis, indem er noch einen erklärenden Satz dranhängt, der lautet: »So ergeht es jedem von euch, der zwar reich an Einkommen und Ansehen ist, aber der nicht reich ist bei Gott.« Das hat mal wieder gesessen! Kommen die Reichen und die, die fleißig sind in ihrer Arbeit, kommen die etwa bei Jesus schlechter weg? Hat Jesus was gegen die Landwirte? Antwort: Sicherlich nicht – das wäre zu oberflächlich gedacht! Der Landwirt hat sich etwas erwirtschaftet – und das ist keine Schande, sondern ein Auskommen für ihn. Mit keinem Wort erwähnt Jesus, daß Haben etwas Schlimmes ist. Gute Ernten sind ein Segen und allen Dank wert. Gute Ernten sind wichtig – auch heute! Keine Ernte zu haben ist schlimm, keine Arbeit zu haben ist genau so schlimm.

Der Bauer in unserem Gleichnis hat - er hat in Überfluß - und selbst das wird ihm nicht angekreidet: Er baut Kornkammern. Er häuft Butterberge. Er beliefert Weinseen. Er produziert Fleischberge und Getreidehalden. Das alles geht noch, das alles ist noch im Bereich des Erlaubten, das alles entspricht ja der Agrarpolitik unseres Staates. Aber jetzt - jetzt kommt sein Fehler. Jetzt kommt die Verführung, der nicht nur ein Kornbauer erliegen kann, sondern eine ganze Gesellschaft, eine Gesellschaft, die sich Butterberge, Weinseen, Getreidehalden und all die anderen Überschüsse leistet - und diese wieder für teures Geld vernichtet!

Verstehe das - wer will! Eines habe ich hier in dieser Gemeinde schon von den Landwirten gelernt: Der heutige Landwirt ist nicht mehr der Landwirt von gestern; Verkleinerungen, Aufgabe, Quoten, Überlebensfragen: wer führt den Hof weiter? Gelder aus Bonn und Brüssel, damit der Viehbestand verkleinert wird; all das sind Fragen von heute, die gestern nicht bekannt waren. Vielleicht haben die Landwirte und auch wir anderen schon längst gelernt, daß die Fülle nicht die Erfüllung bringt, also zu meinen, daß das, was füllt, auch erfüllt. Es geht Jesus in seinem Gleichnis nicht um eine Bauern- oder Reichtumsschelte, sondern darum, daß wir Menschen in unserem Reichtum ihn - Gott - als den Geber aller Gaben vergessen und verdrängen, daß wir Lebenssinnfragen woanders suchen als bei ihm, der Urquelle allen Lebens, daß wir ihn - Christus - vergessen und verdrängen, der in den notleidenden Menschen auf uns wartet; daß wir meinen, unser Leben selbst in den Griff zu bekommen. Diese Menschen bezeichnet Jesus als Narren ... als Narren deshalb, weil sie vergessen haben, sich vor Gott Reichtum zu schaffen.

Neulich las ich in einer Zeitschrift eine Werbungsanzeige, die das ganze noch einmal deutlich macht. Es heißt hier: »Gib der Zukunft ein Zuhause ... Ihr neues Eigenheim ist Ihr Sinn des Lebens.« So einfach geht das - nicht wahr? Ist etwa auch Ihr Haus, Ihr Heim, Ihr Konto, Ihr Besitz der Sinn des Lebens? Ich würde mich freuen, wenn Sie diese Frage eindeutig anders beantworten würden! Aus diesem Grunde erzählt Jesus von diesem reichen Kornbauern, der dann mitten in seinem Reichtum stirbt, der zwar große materielle Vorsorge getroffen hat, aber keine Vorsorge vor Gott, der zwar viele Konten hat, aber kaum ein Konto vor seinem Herrgott, das er dann, wenn er vor ihn treten muß, beleihen kann.

Ein weiterer Gedanke: Wir haben für vieles zu danken an diesem Erntedanktag: für unser tägliches Brot und Auskommen; für Menschen, die mit uns leben; dafür, daß niemand ernsthaft zu hungern braucht; dafür, daß fast jeder versorgt ist. Als Dank haben wir unseren Altar mit Früchten des Feldes und mit Produkten des täglichen Lebens geschmückt, als Dank für alles haben wir auch die Erntekrone in die Kirche geholt, als Zeichen dafür, daß wir Gott als den Geber aller guten Gaben danken und preisen möchten. Aber unser Dank ist unaufrichtig, wenn wir ihn nicht aus zweierlei Sicht sehen: Auch ich möchte aufrichtig danken für den reich gedeckten Tisch, daß wir uns gut kleiden und gut auskommen können. Aber dann höre ich immer wieder von den Mengen der Überproduktionen, von der Aufforderung, immer noch mehr zu konsumieren, damit unsere Wirtschaft auf Vordermann kommt für noch mehr Autos, noch mehr Straßen, noch mehr Umweltzerstörung. Ich danke Gott, daß er mich als Mensch geschaffen hat – und nicht als Konsument, und ich bitte ihn, daß ich lernen kann, mit weniger auszukommen, daß ich JA Danke sagen kann – aber auch NEIN Danke!

Auch ich möchte an diesem Erntedanktag aufrichtig Dank sagen, aber mir wird immer deutlicher, daß ein Teil unserer Wirtschaft auf Kosten der Dritten Welt produziert; hieran verdienen nur wenige; die Völker der Dritten Welt gehen oftmals leer aus; verstehe das, wer will! Ich möchte gerne danken, oft ergreift mich die Wut, wenn ich hieran denke. Ich nehme mir vor, Gott dadurch zu danken, daß ich mich hiergegen wehre. Ich möchte lernen, auch NEIN Danke zu sagen!

Auch ich möchte an diesem Erntedanktag aufrichtig mein Danke sagen, aber mir verschlägt es die Sprache, wenn ich in die Nachrichten sehe und höre, daß eine Handvoll geistesgestörter Randalierer ihren Fremdenhaß an Kindern auslassen. Ich empfinde Ekel gegen diese Menschen und eine tiefe Abscheu vor diesem Abschaum unserer Gesellschaft, die sich an Kindern und wehrlosen Menschen vergreifen. Ich schäme mich zutiefst, daß in unserem Vaterland wieder so etwas passieren kann. Ganz bewußt kann ich sagen: NEIN Danke!

Mich beschäftigt immer wieder eins: Wie kann ich mir gerade auch in dieser Situation *Reichtum vor Gott* erwirtschaften, wie kann ich mein Konto bei ihm auf einem Haben-Stand bekommen? Antworten – allgemeine Antworten wollen nicht leicht fallen, Ratschläge haben zwar immer Allgemeinplätze, aber lassen Sie uns doch einmal überlegen: die Fülle bringt noch nicht die Erfüllung; von der Fülle abgeben lernen, kann ein Weg dahin sein; ich sollte lernen, meinen heimischen Butterberg abzubauen, ich darf die Not anderer nicht verdrängen, sie darf mich nicht kalt lassen, deshalb auch heute die Bitte, nachher bei dem Altarumgang einen Teil unserer Fülle auf den Altar Gottes zu legen, um vielleicht so ein Teil der Erfüllung zu finden; ich sollte auch lernen, bewußt NEIN Danke zu sagen, Nein zu allen Lebensmitteln, für die Tiere qualvoll gehalten werden und eingehen; NEIN Danke zu sagen gegen Produkte, die die Dritte Welt aushöhlen; bewußt auch verzichten lernen, auf Fülle verzichten, um so einer Erfüllung meines Lebens näher zu sein. Und ich darf vor allen Dingen nicht den vergessen, der als Geber aller Gaben auf meinen ehrlichen Dank wartet, der mich zu einem bewußten Leben auffordert, um nicht eines Nachts plötzlich zu ihm geholt zu werden.

Wie letztendlich unser Dank und unser Konto und unser Reichtum vor Gott aussieht, das kann ich nicht beurteilen, ich kann nur ermahnen und auf den reichen Kornbauern hinweisen, der sich hierbei total verkalkuliert hatte: wir brauchen keine größeren Kornscheunen, sondern ein größeres Maß an Barmherzigkeit; wir brauchen keine Gewinnmaximierung, sondern einen höheren Aufwand an Liebe; wir brauchen Menschen in unserer Gemeinde, die hier ein offenes Ohr haben, ein großes Herz und eine tiefe Liebe zu Gott.

Erntedankfest – und das soll jetzt der letzte Gedanke sein, Erntedank hat für mich immer auch etwas mit Lebensdank zu tun, und Lebensdank kann Früchte tragen und wiederum neue Saat und neue Ernte verheißen. Wir können bewußter und aufrichtiger Dank und Erntedank sagen, wenn wir die Probleme des heutigen Tages nicht verdrängen; wir können andere Anteil haben lassen an unseren Früchten, die wir nachher symbolisch auch auf den Altar legen können. Jesus hat den reichen Kornbauern als Narr bezeichnet. Ich wünsche uns von ganzem Herzen, daß diese Bezeichnung nicht auch auf uns zutrifft. Jeder kehrte in sich, wofür und wie oft er zu danken hat. Dank kann erfinderisch machen. Dank kann Menschen motivieren, Dank kann ansteckend sein. Eine der schönsten ansteckenden Krankheiten, die es gibt, ist und bleibt nun einmal der Dank und der Erntedank. Dank kann verbinden, Verbindungen schaffen zwischen Menschen, die etwas haben und andere, die immer schon auf der Schattenseite des Lebens standen. Je mehr andere Menschen ich in mein Leben, in meine Überlegungen, in mein Handeln hinein dürfen, desto reicher wird mein Leben, auch vor Gott. Komisch - nicht wahr - aber so ist es!

Hergeben und Loslassen - von sich selbst absehen macht das Leben nicht ärmer, sondern sogar reicher. Man muß das bloß mal ausprobieren! So einen Reichtum wünsche ich uns allen. Möge der Erntedanktag zu einem Tag aufrichtigen Dankens und Teilens werden. Das wünsche ich uns - Gott, als der Geber aller Gaben, wird dann ganz gewiß seine Freude an uns haben!

Ohne Danken – ohne Gott
geht die ganze Welt bankrott
Apostelgeschichte 14,8–20

Unser kleiner Sohn hatte Bohnen gepflanzt. Nicht viele, nur ein paar. Er hatte weiße, trockene Bohnen in die Erde gesetzt und sie begossen. Wir hatten es eigentlich schon vergessen, aber nach einiger Zeit waren wirklich kleine Pflänzchen herausgekommen. Nach und nach entwickelten sich daraus Bohnenranken, die wir dann hochgebunden haben. Und eines Tages konnten wir wirklich ernten. Mehr als 250 grüne Bohnen waren gewachsen. Unser Sohn war natürlich mächtig stolz. Ich erzähle Ihnen diese Geschichte, weil sie gut zum heutigen Tag paßt. Zum Erntedankfest. Zu jenem Tag, der uns daran erinnern will, daß Gott uns immer wieder aufs Neue mit seinen Gaben beschenkt. Aber wollen wir überhaupt daran erinnert werden?

In unseren Breiten und Zeiten sind wir nicht mehr so unbedingt vom Gedeihen der Ernten abhängig. Ein verregneter oder trockener Sommer bringt uns absolut nicht an den Rand einer Hungersnot. Selbst wenn in unseren Gärten oder Feldern einiges mißraten sollte, unsere Tische sind weiter reich gedeckt. Bei uns ist nach wie vor alles zu haben, selbst wenn es ein paar Pfennig teurer ist. Unser Problem ist nicht ein Zuwenig an Nahrungsmitteln, sondern eher ein Zuviel. Und das bezieht sich nicht nur auf die Produktion in der europäischen Landwirtschaft, sondern vielfach auch auf unsere ganz persönlichen Eßgewohnheiten. Das trägt natürlich wenig dazu bei, daß wir für das tägliche Brot dankbar sind.

Natürlich gibt es Hunger auf dieser Welt. Aber wir reden uns ein, daß der ja weit weg ist. Zwar lebt mehr als die Hälfte der Menschheit unter dem Existenzminimum, aber wir gehören ja, Gott sei Dank, nicht zu denen. Uns regt das vielfach gar nicht mehr auf. Wir haben uns an die Hungerbilder aus Afrika, Asien und Lateinamerika gewöhnt. Wie gut, daß uns wenigstens das Erntedankfest an die anderen erinnert.

Daran erinnern will uns auch die etwas merkwürdige Geschichte, die wir eben als Predigttext gehört haben. Paulus und sein Gefährte Barnabas haben einen Gelähmten geheilt. Sie haben ihm in der Stadt Lystra im Gebiet der heutigen Türkei von Jesus erzählt, und der Gelähmte hat ihnen zugehört. Mehr noch, er glaubt den beiden. Er glaubt ihnen, daß Jesus der Heiland der Welt ist. Und das bringt ihn buchstäblich in Bewegung. Auf Geheiß des Paulus springt er auf, er kann gehen. Das ist ungewöhnlich. Wir nennen es ein Wunder. Aber Wunder will man nicht so einfach gelten lassen. Dafür muß es doch eine Erklärung geben. Für die Leute in Lystra ist schnell alles klar: »Die Götter sind den Menschen gleich geworden und zu uns herabgekommen« (V. 11). Sie sehen in Paulus und Barnabas die großen Helden. Und wenn solche Größen einmal in der Nähe sind, dann muß das gefeiert werden. Ein Fest mit allem drum und dran. Wann hat man schon einmal »Götter zum Anfassen«? Eigentlich ist es ganz natürlich, wie die Menschen in Lystra reagieren. Wer ein Wunder vollbringt, der hat etwas Göttliches. Ja, der ist göttergleich. Also muß man ihn verehren, muß ihn anbeten.

Eigentlich eine ganze normale Reaktion, die bis in die Gegenwart hinein genug Parallelen aufweist. Da erkennen wir unter der Hand in Politikern die Lenker; Ärzte werden zu Halbgöttern in Weiß hochstilisiert; Showstars geraten zu Idolen, deren Lebensform kritiklos übernommen wird; Sportlern wird durch ihre Leistung Unsterblichkeit beigelegt. »Der Flankengott vom Kohlenpott« nannten Journalisten einen Fußballspieler im Ruhrgebiet. Aber schauen wir nicht nur in die »große Welt«. Auch in anderen Bereichen gibt es diese »Macher«, denen Wunder zugetraut werden. Der Mensch mit seinem Können steht obenan. Wir schaffen es! Wir vermögen alles! Uns ist alles untertan! Uns gehört alles! Wir dürfen alles! Wir beherrschen die Welt! Nennen Sie uns Ihr Problem, wir haben die Lösungen!

»Als das die Apostel Paulus und Barnabas hörten, zerrissen sie ihre Kleider und sprangen unter die Leute und riefen: »Was macht ihr da?« (V. 14 f). Die ganze Betroffenheit der beiden wird deutlich. Es hält sie nicht mehr auf ihrem Platz. Ihnen geht es nicht bloß darum, daß sie sich gegen ein Lob zur Wehr setzen wollen, das ihnen eigentlich gar nicht zukommt; nicht um ein

»Ehre, dem Ehre gebühret«. Hier wollen sie die Maßstäbe wieder zurechtrücken und den Menschen von seinem vermeintlichen Thron herunterstürzen. Nein, der Mensch kann nicht alles. Und erst recht darf er nicht alles. »Gott hat viel Gutes getan und euch vom Himmel Regen und fruchtbare Zeiten gegeben« (V. 17). Die Menschen in Lystra ließen sich kaum von ihrer Meinung abbringen, erzählt uns die Bibel.

Lystra liegt in Kleinasien. Aber liegt es nicht auch hier, hier bei uns? Ist es uns recht, wenn der Mensch seiner Allmächtigkeit entkleidet und vom Sockel seiner Herrschaft gestoßen wird? Wollen wir denn begreifen, daß wir *nicht* alles können und *nicht* alles dürfen? Können wir es ertragen, in unsere Schranken verwiesen zu werden? Vermögen wir anzuerkennen, daß es außerhalb unserer Kraft eine Macht gibt, der wir untertan sind? Menschen möchten autonom sein, möchten sich selbst ihre Regeln und Maßstäbe setzen. Sich unterzuordnen, ist unbequem. Davon weiß unsere Bibel bereits in ihren ersten Kapiteln zu berichten. »Ihr werdet sein wie Gott« (1. Mose 3,5), wird den Menschen von allem Anfang an eingeredet. Und diese Haltung ist das, was wir unter dem Begriff ‚Sünde‘ kennen. In unserer Geschichte rückt Paulus den Blickwinkel wieder zurecht. Er lenkt ihn in die richtige Richtung, auf »Gott, der Himmel und Erde und das Meer und alles, was darin ist, geschaffen hat« (V. 15). Heute, am Erntedankfest, haben wir Gaben auf den Altar gelegt. Damit wollten wir nicht unsere Kirche dekorieren. Der Gabentisch soll vielmehr ein sichtbares Zeichen sein, daß nicht der Mensch, sondern Gott der Schöpfer dieser Welt ist. Er soll im Mittelpunkt unseres Lobens stehen. »Ohne Gott und Sonnenschein fahren wir die Ernte ein«, haben Menschen immer wieder triumphiert. Sicher mag das eine Zeit lang gutgehen. Aber schließlich wird das eintreten, was Christen ihnen entgegen gehalten haben: »Ohne Danken, ohne Gott, geht die ganze Welt bankrott«. Und daß wir in der Lage sind, gegen Gottes Gebot zur Bewahrung der Schöpfung diese Welt zu Grunde zu richten, das ist augenfällig.

Lassen wir uns den Blick verändern hin zu dem, der der Geber aller guten Gaben ist und lassen wir uns neu in die Verantwortung für seine gute Schöpfung nehmen.

Fremdes bereichert
3. Mose 19, 1.2.5.9.10.33.34

Sie werden überrascht sein, heute diesen Text aus dem 3. Mosebuch zu hören. Es ist ein Auszug aus dem Gesetz zur Heiligung des täglichen Lebens. Darin sind die 10 Gebote mit kurzen Erläuterungen und praktischen Beispielen enthalten. Wie sieht ein Dankopfer aus, das Gott gefällt? Diese Frage beschäftigt uns auch heute am Erntedankfest. Wir sollen Gott gebührend für die Ernte danken! Aber – wen geht das heute noch an? Wer unter uns ist heute noch als Bauer unmittelbar von Gottes Erntesegen abhängig? Selbst hier im Dorf ist niemand mehr auf die Erträge der eigenen Felder angewiesen. Auch wenn es uns immer mehr aus dem Gesichtskreis und Bewußtsein schwindet: Wir alle sind und bleiben von Gottes Segen abhängig. Nur sehen wir es nicht mehr unmittelbar, weil wir in unserer arbeitsteiligen Gesellschaft immer weniger selbst pflanzen und ernten.

Dabei essen wir längst nicht mehr nur die Früchte des eigenen Landes. Angebote aus aller Welt finden sich heute in den Läden und werden gerne angenommen. Ihr Jugendlichen könnt euch wahrscheinlich kaum vorstellen, daß vor dem 2. Weltkrieg und ganz besonders während dieses Krieges nur auf den Tisch kam, was hierzulande wächst. Es war eine arme Zeit. Heute leben wir von dem, was weltweit geerntet wird, und was vor kurzer Zeit noch als exotisch abgelehnt wurde, ist heute schon selbstverständlich. Dafür wollen wir Gott heute danken! Doch wie können wir unseren Dank am besten ausdrücken? Reicht ein Dankgebet – oder müssen wir ein Opfer bringen? Welches Opfer erwartet Gott von mir?

Ich glaube, er erwartet von den reichlich Gesegneten ein Opfer für die zu kurz Gekommenen, für die Armen und Notleidenden auf der ganzen Welt. Nicht nur für unsere Nächsten – auch für die Fremden und Fernen will er gesorgt wissen. In der letzten Zeit häufen sich Meldungen über Fremdenfeindlichkeit in unserem Land. Mit Argwohn, ja sogar mit Haß wird ihnen begegnet. Für diese Fremden nimmt Gott Partei. Als er Abraham in eine ungewisse Zukunft schickt, verspricht er ihm Segen und Beistand in der

Fremde. Jakob und seine Söhne kommen als Fremde nach Ägypten – und es wird ihnen in ihrer Not geholfen. Als Josua mit dem Volk Israel nach Kanaan kommt, sind sie Fremde, und Gott läßt sie in diesem fremden Land Heimat finden.

Die Bibel enthält eine Menge von Geschichten, in denen Menschen mit Gottes Hilfe in der Fremde gute Erfahrungen machen. Daran will Gott stets erinnern. Sein Volk soll daran denken, daß es selbst auf der Flucht war und Hilfe in der Not fand. Deshalb soll man dem Fremden freundlich begegnen und den Hilfesuchenden nicht abweisen. So soll z.B. bei der Ernte nicht alles bis an die äußersten Ecken abgeschnitten werden. Ein Rest soll stehen bleiben, und auch, was heruntergefallen ist, soll liegen bleiben – aber nicht für die Tiere, sondern für die Armen, die kein eigenes Land haben und für die Fremden, die auf der Durchreise sind oder Zuflucht und neue Heimat suchen. Genauso soll es auch im Weinberg gehalten werden. Von dem Wenigen, was man damals erntete, soll etwas übriggelassen werden für Menschen, die nichts besitzen.

Uns werden die Fremden heute manchmal unheimlich. Deutschland ist für viele das gelobte Land geworden. Die politisch Verfolgten suchen Asyl. Ausländische Studenten wollen eine gute Ausbildung. Etliche, die vor 20 oder 30 Jahren als Arbeitskräfte dringend benötigt wurden und willkommen waren, wollen für immer bleiben. Andere wollen einfach nur ein Stück von unserem Kuchen abhaben, weil sie zu Hause weder Arbeit noch Brot haben. Wir begegnen diesen Menschen zunehmend feindselig, weil wir Angst haben. Doch wovor eigentlich? Würden wir die Fremden besser kennen, sie nicht nur als Ausländer sehen, sondern als Menschen wie dich und mich, dann könnten wir erkennen, daß sie unser Leben durchaus bereichern und uns nicht arm machen. Nicht, weil sie die Drecksarbeit machen, für die wir uns zu schade sind. Nicht, weil sie uns als billige Arbeitskräfte dienen. Sondern weil jeder Mensch seine Besonderheit hat und uns eine Welt eröffnen kann, die uns sonst verborgen bleibt. Gott sagt: »Wenn ein Fremdling bei euch wohnt in eurem Land, den sollt ihr nicht bedrücken. Er soll bei euch wohnen wie ein Einheimischer und du sollst ihn lieben wie dich selbst – denn ihr seid auch Fremdlinge gewesen.«

Ja, im Urlaub reizt uns das Fremde. Das Reiseziel kann gar nicht exotisch genug sein. Da freuen wir uns, wenn wir im Ausland herzlich willkommen sind. Und das nicht nur wegen unserer D-Mark, sondern weil die Menschen wirklich gastfreundlich sind. In der Türkei kann es einem passieren, daß man auf der Straße von einem Einheimischen angesprochen und in sein Haus eingeladen wird – trotz schlechter Erfahrungen in Deutschland als Gastarbeiter. Gibt es eine schönere Erfahrung als in der Fremde freundlich aufgenommen zu werden? Daran sollten wir denken, wenn wir Fremden begegnen. Gott hat nicht nur uns erschaffen und gesegnet. Wir haben Geschwister in der ganzen Welt. Auch wenn wir sie nicht kennen und sie sich von uns unterscheiden, sollen wir sie lieben wie uns selbst. Wenn wir ihnen weiterhelfen, bringen wir Gott ein Dankopfer, über das er sich freut.

Die Begegnung mit Fremden ist zugleich Bereicherung für unser Leben. Sie erweitert unser Blickfeld, schenkt uns neue Erfahrungen und macht dadurch unser Leben reicher und lebendiger.

GEBET

Herr, wir danken dir für alles, was du uns zum Leben schenkst: die Früchte, die auf unseren Feldern und in unseren Gärten wachsen und die Nahrung, die wir aus anderen Ländern einführen; die Arbeit, die unseren Lebensunterhalt sichert, und die Arbeit anderer Menschen, die für uns getan wird; die Menschen, mit denen wir täglich zusammenleben, und die Fremden, die uns begegnen. Das alles macht unser Leben reich und ist Frucht deines Segens.

3. Liedentwürfe

Kanon: Du ließt das Brot uns wachsen

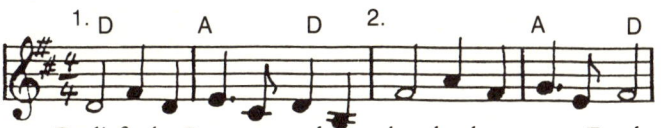

Du ließt das Brot uns wach-sen, du schenktest neu-e Frucht,

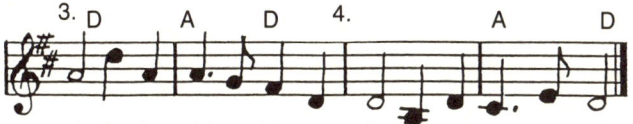

wir dan-ken dei-ner Treu-e, die un-ser Be-stes sucht.

(Text: Sigrid Thomson †; Melodie: Hermann Mahnke 1987)

Kanon: Laßt uns danken

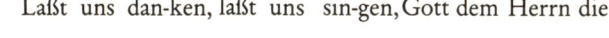

Laßt uns dan-ken, laßt uns sin-gen, Gott dem Herrn die

Eh re brin-gen! Laßt uns dan-ken, laßt uns sin-gen,

Gott dem Herrn die Eh - re brin-gen!

(Text: Sigrid Thomson †; Melodie: Hermann Mahnke 1985)

63

Nebenraus gesungen: »Wir pfügen und wir streuen«
Ein neues Lied im alten Gewand

Wir rauben und wir nehmen
die Güter dieser Welt,
auch Wachstum wird uns lähmen
und kehren all in Geld.
Da taucht ein schlimmes Wehen
mit Wut und Grauen auf,
da stirbt, wo wir alle gehen:
Tod und Verderben drauf.

Alle guten Gaben nahm' wir von dieser Erd,
drum klagt es, klagt, drum klagt es, klagt,
und hofft nicht mehr.

Wir schaffen Schnee und Regen,
verdunkeln Sonnenschein,
ja sauer wird der Segen,
bald krank und tödlich sein,
dann kommt der Tod zu Enden
in unser Feld und Brot,
kommt nur von unsern Händen,
bringt uns nur weg von Gott.

Alle guten Gaben nahm' wir von dieser Erd,
drum klagt es, klagt, drum klagt es, klagt,
und hofft nicht mehr.

Was gut ist und was gerne,
wir nahm' uns alles her,
das Erdöl aus der Ferne
auch Kohlen sind nicht mehr.
Kahl sind die Büsch' von Blättern,
und Moor und Wald dahin,
kein schönes Frühlingswetter,
nur Geld und Zinsgewinn.

Alle guten Gaben nahm' wir von dieser Erd,
drum klagt es, klagt, drum klagt es, klagt,
und hofft nicht mehr.

Es wird die Sonn vergehn,
wie wird des Mondes Lauf?
Es wird der Staub verwehn,
da geht der Abgrund auf.
Wer schenkt uns dennoch Freude
zum Leben vor dem Tod?
Wir essen nur noch Kreide,
das ist der Armen Brot.

Alle guten Gaben nahm' wir von dieser Erd,
drum klagt es, klagt, drum klagt es, klagt,
und hofft nicht mehr.

»Schön ist es, Herr, dir unseren Dank zu bringen«
Ein neuer Text im alten Gewand

1. Schön ist es, Herr, dir unsern Dank zu bringen
   und deinem Namen, Höchster, zu lobsingen.
   Denn, was da lebt, das lebt an allen Enden
   aus deinen Händen.

2. Nichts kommt von selbst und kann sich selbst erhalten,
   nicht unser Dasein, unser Tun und Walten,
   nicht Saat und Ernte, Sommer nicht und Winter:
   Du stehst dahinter.

3. Die Augen aller warten auf die Speise,
   die sie ernährt auf mannigfache Weise.
   Du tust die Hand auf und gewährst sie allen
   mit Wohlgefallen.

4. Die Ernte könnte, Herr, für jedes Leben
   genug zu essen und zu trinken geben,
   wenn wir das tägliche Brot gerechter teilten
   und Armut heilten.

5. Laß uns zu diesem Ziel die Wege finden
   und, die uns hemmt, die Selbstsucht überwinden.
   Gib du uns Kraft, aus brüderlichem Lieben
   Verzicht zu üben.

6. Was für ein Bild: Herr, unter deinen Händen
   mehrt sich das Brot und kann den Hunger wenden.
   Brot für die Welt, verpflichte deine Jünger
   als Überbringer.

7. Erweck uns Satten, die wir alles haben,
   nach deinem Wort und seinen Gnadengaben
   den neuen Hunger, der die Welt verwandelt
   und menschlich handelt.

8. Daß unser Glaube es doch endlich lernte:
   Wir selber, Herr, sind deine Saat und Ernte
   und reifen unter Sonne, Wind und Regen,
   Herr, dir entgegen.

Nach EKG 159 »Das sollt ihr, Jesu Jünger, nicht vergessen«, aus: D. Block, In deinen Schutz genommen, Vandenhoeck & Ruprecht, Göttingen

4. Bausteine für einen Familiengottesdienst

Vom Denken und vom Danken
Gebet, Rollentext und Lied zum Thema

GEBET

Guter Gott,
Du Urgrund allen Lebens,
Du Urquell aller Liebe,
Du schöpferische Kraft.
Wir haben wieder geerntet,
wir haben zu essen und zu trinken.
Gott – wir danken Dir.

LIED

Danke für diesen guten Morgen

GEBET

Guter Gott,
wir haben zu essen und zu trinken,
wir haben ein Dach über dem Kopf,
wir haben vieles, was uns das Leben schön und angenehm macht,
wir haben vieles, was wir nicht brauchen.
Wir denken in dieser Stunde auch an die vielen,
die Hunger und Durst leiden
auf dieser geschundenen Erde.
Auch diese Not bringen wir vor Dich und bitten Dich:
Erbarme Dich über Mensch und Tier,
erbarme Dich dieser von uns geschundenen Erde.

Herr, erbarme Dich!

GEBET

Guter Gott,
Du hast uns das Leben anvertraut,
damit wir uns daran erfreuen
und es mit anderen teilen,
damit auch sie sich freuen können.
Gott, gib uns Liebe ins Herz,
damit wir Erntedank leben,
so wie Du es Dir wünscht,
damit die ganze Schöpfung glücklich wird.

LIED

Ein Korn für dich

ROLLEN-TEXT

Kornbauer (beim Erntedankaufbau)
Oh, ist das eine wunderbare Ernte, sie ist in diesem Jahr
besonders gut ausgefallen. Schaut euch an, wieviel ich geerntet habe! Mensch, da kann ich richtig dankbar sein!

Armer Bauer (in der Ecke und schaut rüber zum Kornbauern)
... und ich, ich habe kaum etwas geerntet. Es reicht nicht
zum Leben und nicht zum Sterben. Ich habe genau so viel
geschuftet wie der da! Ich habe ja bloß dieses kleine Feld
hier. Der da hat Riesenländereien. Mir hat man bloß diesen
steinigen Boden hier zugestanden. Der da hat das beste Land!

Zeitungsmann
Besonders gute Kornernte in Deutschland!
Bauern nicht glücklich!
Preise fallen!
Butterberg steigt!

Einer von uns

Ernte – ist ein Geschenk. Wir säen – aber wir wissen nicht, was wir ernten werden. Ich wünsche mir eine Ernte, die mich in meinem Leben glücklich werden läßt, dankbar – und gesund bleiben läßt. Ernte hat bei uns immer bloß mit »erfolgreich« zu tun.

Ein anderer

Ich wünsche mir eine gute Ernte in der Konfirmanden-Zeit. Ich wünsche mir, daß ihr als Konfirmanden und Konfirmandinnen etwas mitnehmt aus der Zeit. Daß viele von euch auch nach der Konfer-Zeit weiter mitmacht, daß es eine sehr reiche Ernte wird und daß ihr die Erfahrungen, die ihr macht werdet, weitergebt – so wie wir es bei euch versuchen wollen.

Zeitungsmann (Geht zum reichen Kornbauern, fragt ihn):

Und was machen *SIE* jetzt mit dieser reichen Ernte?

Kornbauer (Zum Zeitungsmann):

Na, was ich will, natürlich!
(Zu sich selbst):
Was will ich denn? Was soll ich tun?

Armer Bauer

Der könnte mir was abgeben. Ein bißchen Weizen vielleicht, damit ich über den Winter komme. Aber viel wichtiger noch: etwas von seinen riesigen Ländereien – dann hätte ich auch eine Chance.

Zeitungsmann

Brasilien-Beispiel (hier ein aktuelles Beispiel auswählen)

Einer von uns

Ja – was könnte der alles tun? Er könnte seine Ernte zu Geld machen, gewinnbringend anlegen, damit er immer mehr bekommt, immer reicher wird – und schließlich den ganzen Ort beherrscht – und dann das Land – und dann ...?

Ein anderer

Oder er könnte barmherzig sein? Er könnte teilen?

Kornbauer

Also – ich hab mir's überlegt: Ich werde größere Scheunen bauen, und dann werde ich das ganze Getreide und alle meine Vorräte dort unterbringen und kann mir selbst sagen: Gut gemacht! Jetzt bist du auf viele Jahre versorgt und kannst dir Ruhe gönnen. Iß und trink nach Herzenslust und genieße das Leben.

Zeitungsmann

Das Leben genießen?
Tun, was man will?
Das ist Lebensqualität.
Neu: Fa light – leichte Frische, besonders hautverträglich.
Neu: Ich rauche gern. Konsequent niedrige Werte. Verblüffend im Geschmack. R1.
Trau keinem über 30. Freude am Fahren. BMW.
Männer wollen immer nur das eine: Frisches Veltins.
Wenn die Milch den Kaffee küßt, kommt Leben in die Tasse. Die Milch macht's.
Haben Sie sich entschieden, niemals dick zu werden?
Lätta – die Halbfettmargarine, die schmeckt.

Armer Bauer

Und ich? Warum denkt er nicht an mich? Ich ... muß hungern!

Zeitungsmann

Die neuesten Zahlen der Weltgesundheitsbehörde: 38.000 Kinder sterben täglich an Hunger.

Ein anderer

Auch heute – heute am Erntedanktag.

Einer von uns

Nun lenkt nicht ab: Wir waren beim »Leben genießen«. Das mit dem Ausruhen, das stimmt ja, was der Kornbauer sagt. Und einen Lotto-Gewinn würde ich auch noch nehmen. Spaß haben ist das A und O – steht schon in der Bibel. Der reiche Kornbauer beweist uns das ja!

Ein anderer

Und wenn man zuviel Geld hat? Hat man dann nicht Angst, daß es einem weggenommen wird? Und: *Nur genießen* ist doch auch nichts! Man muß doch auch eine Aufgabe haben! Man muß sich doch auch einmal zu etwas zwingen!

Armer Bauer

Ruh dich ruhig auf deinem Reichtum aus. Aber du wirst sehen: Du wirst nicht viel davon haben. Vielleicht wirst du noch in dieser Nacht sterben. Und was hast du dann noch von deinem Reichtum?

Ein anderer

Kann man doch nicht so sagen! Normalerweise wird der Reiche immer reicher – läßt sein Geld arbeiten – und so. Und der Arme stirbt den Hungertod.

Einer von uns

Erntedank – das bedeutet: bewußt leben – heute leben. Denken und Danken. Unser Leben und alles, was wir haben, alles ist eine Leihgabe – auf Zeit. Unser Leben ist eine Aufgabe – zu teilen.

Zeitungsmann

Ganz plötzlich verstarb mein lieber Mann, unser guter Vater, Sohn, Onkel und Schwager. Er ist viel zu früh von uns gegangen, mitten aus seiner Arbeit herausgerissen ...

Lektor

Jesus erzählte einmal eine Geschichte (Lk 12, 16b–20)

Ein Lied vom Denken und Danken

Ich hab die Faser nicht gesponnen,
die Stoffe nicht gewebt,
die ich am Leibe trage, —
ich habe nicht die Schuhe, die Schritte nur gemacht.
Wer mich ansieht, — sieht viele andere nicht, —
die mich ernährt, gelehrt, gekleidet haben,
die mich geliebt, gepflegt, gefördert haben.
Mit jedem Schritt gehn viele Schritte mit.
Mit jedem Dank gehn viel Gedanken mit.
Mit jedem Dank gehn viel Gedanken mit.

Ich habe nicht gelernt zu schlachten –
zu pflügen und zu säen –
und bin doch nicht verhungert.
Ich kann nicht Trauben keltern
und trinke doch den Wein.

Ich hab die Städte nicht entworfen,
die Häuser nicht gebaut –
und habe doch zu wohnen.
Ich kann nicht Ziegel brennen
und doch schützt mich ein Dach.

(Text und Melodie: A. Juhre, F. Baltruweit – Rechte bei den Autoren)

Sprechszene: Wofür soll ich danken?
Zu Lukas 17,11–19

1 Wofür soll ich danken?
   Für meine Arbeit?
   Was ich verdiene,
   steht mir zu.
   Mein Gehalt
   entspricht dem Tariflohn,
   und es könnte ruhig
   etwas mehr sein.

2 Wofür soll ich danken?
   Für meinen Erfolg?
   Mir ist nichts zugefallen,
   einfach in den Schoß,
   für alles habe ich bezahlt
   und hart dafür gearbeitet.
   Daß ich heute gut dastehe,
   ist mein Verdienst
   und ganzer Stolz.

3 Wofür soll ich danken?
   Daß meine Kinder
   nun aus dem Haus sind
   und ich ganz allein bin?
   Was habe ich nicht alles
   für sie getan
   und auf so manches
   verzichtet.

4 Wofür soll ich danken?
   Daß sie mir
   meine Papiere gegeben haben
   und ich meine Arbeit los bin?
   Nach einem halben Leben

stehe ich auf der Straße,
bin ausgemustert
und zu alt für alles.

5 Wofür soll ich danken?
Für den Schrecken und den Tod,
der mir begegnet ist?
Abschied habe ich nehmen müssen
von einem lieben Menschen.
Der Tod hat mir alles genommen
und mich bitter gemacht.

1 Wofür soll ich danken?
Für die Zerstörung unserer Erde?
Schleichend vernichten wir
die Grundlagen des Leben.
Gedankenlos leben wir in den Tag,
suchen nur unseren Gewinn und Vorteil.
Die großen Firmen plündern die Erde,
und wir schauen still zu.

2 Wofür soll ich danken?
Für den Hunger in der Welt?
Minute um Minute sterben Kinder,
weil sie nichts zu essen haben,
und wir leben im Überfluß
und wollen nicht teilen,
nicht umdenken und anders leben.

3 Wofür soll ich danken?
Dafür, daß wir Unheil anrichten,
die Erde mit Gift und Atom verseuchen
wie in Seveso oder in Tschernobyl,
für die Möglichkeit der totalen Zerstörung,
für das Leid von Hiroshima und Nagasaki,
für die Kampfkraft im Golf-Krieg?

4 Wofür soll ich danken?
Für die Eingriffe in die Natur,

die Experimente mit unseren Genen,
den Bausteinen des Lebens,
die Kinder wachsen lassen,
die Haare wie Bären tragen,
oder Kälber mit zwei Köpfen?

5 Wofür soll ich danken,
dir, Gott, danken?
Ich spüre dich doch kaum
in meinem Leben.
Wo bist du,
wenn ich Hilfe brauche?

1 Ich weiß nicht so recht,
wofür ich danken soll,
denn ich sehe so viel Leid,
soviel Unrecht und Gefahr.
Da kann ich nur klagen,
zittern und weinen.
Da möchte ich gerne,
daß Gott eingreift,
uns zur Umkehr bringt
und die Welt zum Guten treibt.

2 Für das Gute,
das mir geschehen ist,
für die Hilfe,
die mir widerfahren,
für den Halt,
den ich fand,
will ich dir danken.

3 Für mein Leben,
so schwer es auch ist,
für jeden Augenblick,
den ich atme,
für mein Herz,
daß lieben kann,
will ich dir danken.

4 Für die Gedanken,
   die ich mir machen kann,
   für die Zweifel,
   die mich plagen,
   für die Umwege,
   die ich gehen muß,
   für alles Schwere
   und die Kraft,
   zu überstehen
   und zu überwinden,
   zu verändern
   oder zu ertragen,
   will ich dir danken.

5 Für den Anfang,
   der gemacht ist,
   für die kleinen Schritte,
   die viele unternehmen,
   um einfacher zu leben
   und aufmerksamer,
   um zu teilen
   und gerechter zu handeln,
   will ich dir danken.

1 Ich will mich über den Herrn freuen
   und will all das Gute nicht vergessen,
   das ich von ihm empfangen habe,
   heißt es in den Psalmen (Ps 103,2).

2 Ich will meine Augen öffnen
   und staunen über das Glück,
   das ich habe,
   über die Liebe,
   die ich empfange,
   über die vielen Freuden,
   die ich als alltäglich ansehe,
   über die Vielfalt des Lebens,
   die uns geschenkt ist.

3   »Danken für Gestern heißt:
    sich für das Geschenk von morgen vorbereiten.«
    (Afrikanisches Sprichwort)
    Ich hoffe, daß Gott uns
    trotz allem bewahrt vor dem Untergang,
    daß seine Güte uns zur Einsicht führt.

4   Ich will meine Sinne aber nicht verschließen,
    für alles, was wir Menschen anrichten,
    für die Bedrohung, zu der wir fähig sind,
    für die Gedankenlosigkeit, mit der wir arbeiten,
    für die Gier nach Geld und Fortschritt,
    die unser Leben bestimmen.
    Ich will meinen Beitrag leisten,
    damit nicht alles so bleibt, wie es ist,
    damit wir die Erde bewahren und erhalten.

5   »Die größte Kraft des Lebens ist der Dank.«
    (Hermann Bezzel)
    Sie schärft meinen Blick
    und macht mir Mut.

Sammelt euch Schätze im Himmel
Matthäus 6,20

Statt einer Predigt lassen wir einige Menschen mit ihrem Leben und mit ihrer Meinung zu Wort kommen. Ich bin davon überzeugt, daß die Zuhörer bereit und in der Lage sind, sich ihre Meinung selbst zu bilden.

Gerda Schneider (geb. 1907 im Siegerland, Rentnerin, nimmt am Bibelkreis der Gemeinde teil):

Also mein Schatz im Himmel, das ist mein Herr Jesus ganz allein. Was brauche ich mehr als ihn? Ich liebe ihn, aber er kennt mich auch, denn er sagt selbst: »Ich bin der gute Hirte und kenne die Meinen, und die Meinen kennen mich.« Das ist mir sehr wichtig. Ich gehöre zu den Seinen. Ich habe Jesus schon lange im Herzen. Sie mögen lächeln, doch ich habe mich nie verliebt, mein Herz nie verloren, doch wenn ich mich jetzt manchmal einsam fühle, und das bleibt in meinem Alter nicht aus, da viele schon weggestorben und draußen auf dem Friedhof sind, dann denke ich ganz fest an meinen Herrn Jesus, dann spreche ich zu ihm, wie man mit einem lieben Menschen sprechen würde, und dann bin ich nicht mehr einsam. Nein, vor dem Tod habe ich keine Angst, denn ich weiß, was dahinter kommt, niemand anderes als mein Herr Jesus. Warum sollte mir grauen? Auch so ein Wort, das mir unendlich viel gegeben hat.

Siegmund Lauter (geb. 1937 in Offenbach, Steinmetz, besucht die Kirche nur am Heiligabend und bei der Konfirmation seiner Patenkinder):

Ich habe lernen müssen, daß wir, Menschen, nichts festhalten können. Die Frau, die ich liebte, wollte die Freiheit. Recht hat sie. Heute begegnen wir uns selten, aber ohne Groll. Geblieben sind mir Erinnerungen, wunderschöne Erinnerungen, die sind fest bei mir aufgehoben, die kann mir niemand nehmen. Das ist mein Schatz des Himmels. Meine Kinder, ich habe sie abgöttisch mit aller Zärtlichkeit geliebt, sie sind aus dem Haus – gottseidank, denn so ist es richtig – sie schreiben selten. Einmal im Jahr vielleicht sehe ich sie. Was wir lieben, müssen wir loslassen, uns bleibt die Erinnerung. Manchmal sehe ich mir Photos an. Solange meine Erinnerung noch lebt, lebe ich auch. Ob sie meinen Tod überleben, das ist mir eigentlich gleichgültig, doch ich kann mir vorstellen, daß die Erinnerungen nicht zu Ende sind, meine Kinder und Enkel, vielleicht auch in meinen Freunden lebt weiter, was mein Himmel war.

Benjamin Heiler (geb. 1969 in Frankfurt, Student, sucht noch, ist sich aber sicher, daß in den traditionellen Kirchen nichts mehr zu finden ist):

Der entscheidende Fehler ist, daß man meint, der Himmel sei ein objektiver Ort, als könne man eine Landkarte, von mir aus mit der vierten Dimension der Zeit zeichnen, und auf dieser Weltkarte wäre der Himmel eingezeichnet wie Buxtehude auf der Karte von Niedersachsen. Der Himmel ist der Ausdruck für den Augenblick des höchsten Glückes, dem jagen wir nach, manchmal erwische ich einen Zipfel davon, aber ich habe auch schrecklich daneben gegriffen und dann kann man abstürzen wie bei einer Bergwanderung. Das sind die Augenblicke, die das Leben lohnen. Nur sammeln – nein, sammeln kann man die Zeit nicht, wenn sie vergangen sind, dann sind sie auch für alle Zeit vergangen. Nein, von Erinnerungen halte ich nichts, die hindern uns nur am Leben. Und wenn ich von einem Rausch aufwache, und ich kann mich an gar nichts mehr erinnern, ist doch nicht schlimm, der Rausch war wichtig, wenn er nur gut war und keine bösen Fehler hat.

Martin Schweizer (geb. 1938 in Berlin, Leiter einer diakonischen Einrichtung der Kirche von Kurhessen-Waldeck):

Natürlich kenne ich die Stelle, auf die Sie nach der Bergpredigt anspielen: Vorgestellt ist – auch Matthäus ist noch von diesem Gedanken geprägt –, daß in allernächster Zeit die Welt unterginge und deshalb ein Schätzesammeln auf Erden unsinnig ist, man muß jetzt schon seinen Blick auf die Zeit danach tun, und diese Zeit danach ist die Zeit des Himmels. Wir, Theologen, sprechen von der Parusieverzögerung und meinen damit, daß das Weltende noch nicht eingetreten ist, gibt der Welt eine neue Zeit der Bewährung, die es zu nutzen gilt, freilich aufgeschoben ist nicht aufgehoben, wir werden das Ende, das diese Zeit und Welt haben wird, nicht aus den Augen verlieren dürfen. Doch in unserer Zeit müssen wir haushalterisch mit unseren Mitteln umgehen. Keine Kirche, keine Einrichtung der Diakonie kann ohne Rücklagenbildung, der Sicherung der Arbeit, in schwierigen Zeiten auskommen. Nur auf den Himmel vertrauen, wäre leichtsinnig und angesichts der von uns betreuten Patienten unverantwortlich. Über die Schätze im Himmel möchte ich lieber nicht sprechen.

Doris Weichert (geb. 1956 in Dresden, Sekretärin, seit sie in ihrer Ehe Probleme hat, die sich psychosomatisch auswirken, kommt sie häufiger in den Gottesdienst):

Also ich glaube, das ist so gemeint, ich soll hier in meinem Leben nicht auf Besitz achten, wieviel ich auf der Bank habe oder was ich an Schmuck besitze, sondern ich soll hier Menschen Gutes tun, also helfen, wenn ich kann, ein offenes Herz für die Nöte in der Welt haben, Zeit für jemanden, der sich aussprechen möchte. Also bei mir beschränkt sich das auf die Kollekte und hin und wieder eine zusätzliche Spende für Brot für die Welt. Man kann ja schon mit relativ wenig Mitteln Hungernden in der dritten Welt helfen. Was wir hier einem der Kleinsten, dem Hungernden, Nackten, Bedürftigen, Heimatlosen Gutes tun, das wird uns im Himmel angerechnet. Wenn es zum jüngsten Tag kommt und das letzte Gericht gehalten wird, dann werden diese Taten für uns sprechen. Ich bin sicher, sie werden nicht ausreichen, aber was dann noch fehlt, wird Jesus hinzutun. Aber es ist auch nicht richtig, daß wir nichts in die Waagschale werfen können. So einfach dürfen wir es uns auch nicht machen. Daß zur Zeit wegen meiner persönlichen Situation meine eigene Leistung recht bescheiden ausfällt, trifft hoffentlich auf einen gnädigen Gott. Manchmal komme ich auf die Hoffnung, auch unsere Leiden könnten wie die guten Werke in die Waagschale zu unseren Gunsten getan werden.

Jürgen Marquardt (geb. 1972 in Hamburg, z.Zt. in der 13. Klasse des reformierten Oberstufengymnasiums):

Ehrlich gesagt: Mir ist die Fragestellung und ihr versteckter moralischer Appell peinlich. Offen gesagt: Ich habe zur Zeit keine Zeit für den Himmel. Ich muß mich voll auf die Schule konzentrieren. Ich muß eine bestimmte Punktezahl schaffen, sonst nutzt mir das ganze Abitur überhaupt, überhaupt nichts. Der numerus clausus ist hoch. Da bleibt für den Himmel keine Zeit. Tut mir leid – nein, eigentlich tue ich mir selber leid.

Oberin Elisabeth vom Diakonissenhaus (geb. 1942 in Sinn bei Herborn):

Also ich stelle es mir nicht so vor, daß da im Himmel Buch geführt wird über unsere guten und schlechten Taten, dann sehen unsere Personalbögen ja aus wie die Dienstbögen der Schwestern in unserer Klinik, das ist mir zu bürokratisch, und man müßte wohl auch zwischen Dienst und Dienst, zwischen bezahlter, entlohnter Arbeit und freiwilliger zusätzlicher Hilfe unterscheiden, aber das können wir bei unserer Arbeit oft überhaupt nicht. Deshalb kann ich mir nur vorstellen, daß Menschen, denen wir begegnet sind und für die wir etwas haben tun können, für uns Zeugnis ablegen. Und ich bin gewiß, es werden oft die sein, die für uns das Wort ergreifen, von denen wir es am wenigsten erwartet haben.

5. Weitere gottesdienstliche Formen

Gerechtigkeit verwirklichen
Eine Abendmahlspredigt in einem Schulgottesdienst an einer berufsbildenden Schule

Matthäus 6,33: Euch muß es *zuerst* um sein Reich und um seine Gerechtigkeit gehen; dann wird Euch alles andere dazugegeben.

(Einheitsübersetzung)

Viele von euch kennen die Geschichte vom kleinen Prinzen. A. St. Exupery hat sie geschrieben. In dieser Geschichte wird beschrieben, daß der kleine Prinz auf seiner Reise den vierten Planeten besuchte. Er begegnete einem Geschäftsmann. Der war gerade dabei, die Sterne zu zählen.

»Was machst Du mit diesen Sternen«, fragte der kleine Prinz.

»Nichts. Ich besitze sie.«

»Und was hast Du davon, die Sterne zu besitzen?«

»Das macht mich reich.«

»Und was hast Du vom Reichsein!«

»Weitere Sterne kaufen.«

Ich denke, der kleine Prinz hätte dieses Gespräch auch durchaus hier auf der Erde führen können. Immer mehr besitzen, immer reicher werden, immer mehr zusammenlegen, das ist für viele Menschen zum Lebensinhalt geworden. Dafür braucht man gar nicht auf einen anderen Planeten zu gehen. Noch nicht einmal ein anderes Land ist dazu notwendig. Auch hier bei uns sind viele der Meinung, sich mit Geld alles kaufen zu können. »Was erwartest Du Dir von Deinem Leben«, so lautete der Titel einer Umfrage, die unlängst im Religionsunterricht an deutschen Schulen durchgeführt wurde. Unter den Antworten, die gegeben wurden, lag die Hoffnung auf Reichtum mit an führender Stelle. »Ich möchte mir später einmal alles leisten können.«

»Ich will möglichst viel erreichen«.

»Meine Zukunft soll gesichert sein.«

So oder so ähnlich sahen die häufigsten Antworten in diesem Fragebogen aus.

Aber möchten wir das denn nicht alle? Jeder und jede von uns ist doch bestrebt, eine gute Position zu erlangen. Dafür gehen wir ja zur Schule und machen eine Ausbildung. Vorwärtskommen ist angesagt. Wer auf der Stelle tritt, fällt hinten herunter und bleibt auf der Strecke. Soll daran etwas falsch sein? Auf den ersten Blick mag es scheinen, als hätte die Bibel etwas gegen das Streben nach Erfolg: Euch muß es zuerst um sein Reich und um seine Gerechtigkeit gehen; dann wird Euch alles andere dazugegeben. Das ist ein Satz aus der sogenannten Bergpredigt Jesu. Aus jener programmatischen Rede also, die uns im Matthäusevangelium über drei Kapitel hinweg berichtet wird. Was sagt denn Jesus nun zur Frage des Strebens nach Erfolg?

Wenn ich mir den Leitsatz dieser Predigt ansehe, dann stelle ich fest: Jesus setzt Prioritäten. »Euch muß es *zuerst* um sein Reich und um seine Gerechtigkeit gehen«. Das ist es also, was vordringlich angesagt ist: Verwirklichung des Reiches Gottes durch Gerechtigkeit. Laßt mich deutlich machen, was zum Beispiel unter dem etwas abstrakten Begriff ‚Gerechtigkeit‘ zu verstehen sein kann. Wir haben uns in den vergangengen Wochen in verschiedenen Klassen mit der Theologie der Befreiung auseinandergesetzt. Ich erinnere an die Fakten, die wir in dem Zusammenhang genannt haben. So beträgt das Durchschnittseinkommen einer zehnköpfigen Campesinofamilie in Südamerika etwa 25 Mark im Monat. Eine vierköpfige Arbeiterfamilie in der Bundesrepublik hat übrigens monatlich gut 2000 Mark zur Verfügung. Wenn ich nun das Einkommen einer der begüterten südamerikanischen Familie dagegen setzen würde, wäre der Unterschied noch krasser. Gegen diese schreiende Ungerechtigkeit wollen die Basisgemeinden anarbeiten, die sich mit Hilfe der Priester in Südamerika gebildet haben. Diese Basisgemeinden sind echte Lebensgemeinschaften, in denen Not und Ungerechtigkeit geteilt werden. In ihnen geschieht aber auch gegenseitige Ermutigung, um die Not und Ungerechtigkeit ein wenig zu lindern. Dazu dienen unter anderem auch die Genossenschaften, durch die die Campesinos ihre Produkte günstiger verkaufen können.

»Was haben wir damit zu tun?«, so mag jetzt vielleicht gefragt werden. Ich möchte noch einmal an den Leitsatz dieser Predigt erinnern. »Euch muß es zuerst um sein Reich und um seine Gerechtigkeit gehen«, sagt Jesus. Damit macht er deutlich: Das Eintreten für Gerechtigkeit ist Aufgabe all derer, denen das Christentum nicht gleichgültig ist. Eintreten für Gerechtigkeit ist Auftrag Jesu an uns. Eintreten für Gerechtigkeit sollte eins der wesentlichen Merkmale des Christentums und der Menschheit überhaupt sein.

Wir feiern in diesen Tagen das Erntedankfest. Dabei geht es nicht darum, froh und dankbar zu sein, daß es uns gut geht, sondern es muß uns zuerst darum gehen, daß Gerechtigkeit verwirklicht wird. Erst dann begehen wir Erntedank richtig. Da fanden zum Beispiel in einigen Klassen kleine Aktionen statt. Es wurden Ausstellungen zusammengetragen, Wandzeitungen angefertigt und Briefe geschrieben. Da wurden Waren verkauft, die über die Genossenschaften der Campesinos bezogen wurden. All das ist sehr gut. Es sind kleine Schritte, die uns zu weiteren bewegen sollten. Zu Wegen, die nicht immer so einfach sind. Eintreten für Gerechtigkeit fängt auch mit einer Änderung des Bewußtseins an. Es muß uns *zuerst* um sein Reich und seine Gerechtigkeit gehen. Alles andere Streben ist dieser Forderung untergeordnet.

Wir wollen in diesem Gottesdienst gleich das Abendmahl feiern. Dazu geben wir einen Korb mit Brot und einen Becher mit Saft durch die Reihen. Im Grunde eine kümmerliche Mahlzeit, so ein Bissen Brot und ein Schluck Saft. Aber dieses Wenige kann ein Zeichen sein. Ein Zeichen für gerechtes Teilen. Jeder bekommt gleich viel, jeder hat Anteil am Ganzen. Jeder hat Anteil an dem, der gesagt hat: »Ich bin das Brot des Lebens«. Jesus, der in seinem Leben und durch sein Sterben selbst für Gerechtigkeit eingetreten ist, läßt sich anfassen, schmecken und spüren. Lassen wir uns einladen, nicht nur zum gemeinsamen Essen und Trinken, sondern auch zu dieser Forderung an uns: »Euch muß es zuerst um sein Reich und um seine Gerechtigkeit gehen; dann wird Euch alles andere dazugegeben«.

Pflanzen allein genügt nicht
Ein Kindergartengottesdienst

LIED

»Du hast uns, Herr, gerufen . . .«

(aus Menschenkinderlieder, Nr. 8)

BEGRÜSSUNG

Liebe Eltern, liebe Mädchen und Jungen. Zum Erntedank-Gottes-
dienst möchte ich euch herzlich begrüßen. Ist es nicht schön, daß
Gott uns Große und Kleine so lieb hat? In seinem Namen feiern wir
diesen Gottesdienst.

ERLEBNISTEIL

(Es stehen Pflanzen bereit, die bei vorangegangenen Experimenten unter-
schiedlich behandelt worden sind, z.B. mit / ohne Wasser oder mit / ohne
Sonnenlicht)

Das verstehe ich nicht, warum sehen die Pflanzen so unterschied-
lich aus? Einige sind gesund und groß, andere sind sehr klein. Bei
einigen Pflanzen ist nicht einmal ein grüner Halm zu sehen. Das
Pflanzen allein genügt nicht. Wenn die Pflanze wachsen soll, benötigt sie Licht und Wasser als Nahrung. Ohne Sonne und Regen kann
nichts wachsen.

VERTIEFUNG

Die Kinder werden in Gruppen aufgeteilt:
    Sämann = braune Tücher
    Regen   = blaue Tücher
    Sonne   = gelbe Tücher

Die meisten Kinder bilden einen Kreis und kauern sich auf den Boden. Jedes Kind hat in seinen Händen eine Papierblüte versteckt. Mit Instrumenten werden die einzelnen Szenen begleitet, von der dunklen Tonfolge bis zum hellen Glockenklang. Eine Erzieherin oder eine Mutter spricht den Text:

1. Szene: Die Kinder sitzen tief zum Boden geneigt in einem großen Kreis.

   »Die Erde hat einen langen Winter geruht. Sie ist jetzt ausgeruht. Jetzt wird es wieder Frühling.«

2. Szene: Der Sämann geht im Kreis umher und hebt und senkt sein Tuch.

   »Der Same für die Blumen wird gesät. Die Samenkörner fallen zur Erde. Die Erde ist dunkel.«

3. Szene: Die Kinder mit den blauen Tüchern umtanzen den Kreis.

   »Um wachsen zu können, brauchen die Samenkörner Wasser und Regen. Der Regen sickert in die Erde. Nun beginnen sie zu keimen, und es können Wurzeln wachsen.«

4. Szene: Die Kinder mit den gelben Tüchern umtanzen den Kreis.

   »Um wachsen zu können, brauchen die Samenkörner Licht und Wärme. Die Sonnenstrahlen machen die Erde warm.«

5. Szene: Langsam stehen die Kinder im Kreis auf: ein Arm, der andere Arm, Kopf und Oberkörper, Aufstehen.

   »Langsam wachsen aus den Samenkörnern kleine Triebe. Sie brauchen die Erde und werden immer größer. Sie wachsen der Sonne entgegen.«

6. Szene: Die Kinder wölben die Hände, langsam spreizen und öffnen sie die Finger und geben dabei die versteckte Blüte frei.

   »Oben an den Stengeln bilden sich kleine Knospen. Auch die Knospen werden immer größer. An warmen Sommertagen springen die Knospen auf und werden zu wunderschönen Blumen.«

Lied

»Hallelu' Hallelu' Hallelu' Halleluja, preiset den Herrn!«

(Menschenkinderlieder, Nr. 49)

Gebet

Lieber Gott, wir sagen dir Danke für alles, was du uns schenkst.
Wir sagen dir wirklich Danke.
Für unser Essen, daß keiner hungrig ist.
Für Wind und Regen und für den Sonnenschein.
Für unser Spielen und unsere Fröhlichkeit.
Für unser Leben und für diesen guten Tag.
Wir sagen dir Danke für alles, was du uns schenkst.

Gemeinsam beten wir das Vater unser

Segen

Lied

»Du hast uns deine Welt geschenkt«

(R. Krenzer/D. Jöcker, Heut ist ein Tag, an dem ich singen kann,
Münster)

Gottes Güte begegnet uns
Taufpredigt zum Erntedankfest

Kasus: Nach langen, kinderlosen Ehejahren wurde einem kirchlich enga-
gierten Elternpaar eine Tochter geboren. Die Geburt war für die Mutter
akut lebensbedrohend. Nach langem Krankenhausaufenthalt wurde sie
nach Hause entlassen. Die Taufe des gesunden Kindes fand nach dem
Hauptgottesdienst in einem kleinen Kreis statt.

Der heutige Tag ist sicher ein freudiges Ereignis. Sie haben mit
Bedacht das Erntedankfest als Tauftag für die Taufe Ihrer Tochter
ausgesucht – jenen Sonntag, der uns im Ablauf des Kirchenjahres an
Gottes Güte erinnern will. Wir haben es uns eben im Gottesdienst
wieder bewußt gemacht, wie wenig wir gerade die kleinen Dinge
achten, die uns in unserem Alltag so selbstverständlich geworden
sind. Und auch der Schmuck des Erntedankaltares macht uns das
wieder deutlich. Da stehen Nahrungsmittel, Artikel und Waren des
täglichen Lebens, des täglichen Umgangs. Wir kaufen sie, wir haben
sie, wir verzehren sie. Und wenn sie aufgebraucht sind, dann besor-
gen wir uns neue. Sie sind einfach da, jederzeit verfügbar, ohne
große Mühe zu erhalten. Wir nehmen es als selbstverständlich hin.

Aber ist es wirklich selbstverständlich, daß wir gut versorgt werden? Ist es selbstverständlich, daß auf dieser Seite der Erde die Nahrung in Hülle und Fülle vorhanden ist? Wer offene Augen für das
Geschehen in dieser Welt hat, wird diese Frage nur verneinen können. Selbstverständlich ist es wirklich nicht. Unser Überfluß ist
vielmehr eine Gabe und Aufgabe unseres Gottes. Oft ist es aber
gerade das vermeintlich Selbstverständliche, das uns blind werden
läßt für den, der Gaben und Aufgaben gibt. In unserer Sattheit nehmen wir das vielfach gar nicht mehr war.

Vielleicht kann aber Ihre Tochter NN. uns den Blick öffnen für
das, was Gott an uns Menschen tut. Da wurde ein Kind geboren.
Für viele Menschen ist so etwas selbstverständlich. Ich glaube, Sie
als Eltern und Paten sehen das anders. Wie lange haben Sie auf ein
Kind warten müssen. Und nun wurde Ihnen dieses Kind geschenkt.
Sie betrachten Ihre Tochter ganz und gar nicht als selbstverständ-

lich. Für Sie ist die kleine NN. ein Geschenk Gottes. Auch unsere Gesundheit ist ganz und gar keine Selbstverständlichkeit. Viele Eltern müssen es ertragen, daß ihr Kind krank oder behindert geboren wurde. Und wie sehr unser eigenes Leben bedroht ist, das haben sie hautnah erfahren müssen. Gerade wenn man durch Hoffen und Bangen hindurchgeführt wuide, sieht man Gesundheit und Unversehrtheit mit ganz anderen Augen. »Lobe den Herrn, meine Seele, und vergiß nicht, was er dir Gutes getan hat«. Dieses Gebet aus dem 103. Psalm können wir heute aus vollem Herzen nachsprechen.

Gottes gute Gaben waren für Sie durch die Geburt Ihres Kindes aufs neue erfahrbar. Und nun hat er heute eine weitere Gabe bereit: die Taufe. Auch das wird häufig als eine Selbstverständlichkeit angesehen. Zur Geburt eines Kindes gehört die Taufe mit dazu. So als eine Art der feierlichen Einführung in die menschliche Gesellschaft. Taufe will aber mehr sein. Gott macht Ihrem Kind ein Angebot. In der Taufe wird Ihrer Tochter ganz persönlich gesagt: »NN, ich will dein Gott sein! Ich will für dich da sein! Du kannst meine Hand ergreifen, ich geh' mit dir!« Das ist nun ganz und gar keine Selbstverständlichkeit. Das ist vielmehr der Ausdruck der Zuneigung, die Gott uns Menschen entgegenbringt.

Erntedankfest – der Tag, der uns daran erinnert, daß uns Gottes Güte begegnet. Taufe – Ausdruck der Güte Gottes, die uns ganz persönlich meint. Schön, daß wir beides heute miteinander verbinden können.

Liebe macht erfinderisch
Meditation zu Markus 2,1–12

1. Nicht alles ist zu haben

Am Erntedankfest freuen wir uns
über einen herrlich geschmückten Altar:
Brot, Salz, Butter, Eier,
Kartoffeln, Gemüse und Obst,
Grundnahrungsmittel sind da in Hülle und Fülle
und Luxusartikel, die unser Leben versüßen.
Unser Tisch des Lebens ist reichhaltig,
wir haben so vieles,
wofür wir nicht nur heute danken dürfen.

Mit Stolz blicken wir auf das,
was wir haben und ernten,
was wir erreichen konnten,
was unser ist durch Arbeit und Leistung.
Das ist berechtigt, aber auch gefährlich.
Denn nicht alles kommt allein durch unsere Kraft,
das meiste ist ein Geschenk Gottes, eine Gabe.
Wer das vergißt, wird leicht hochmütig,
und glaubt, alles machen, alles erreichen zu können.
Aber nicht alles ist zu haben,
wie es wohl der gelähmte Mann in unserer Geschichte
sein halbes Leben immer wieder gespürt hat,
und wie es so mancher unter uns
schon selbst einmal erfahren hat.

Stanley Jones erzählt von einem Jungen,
der um die Weihnachtszeit gefragt wird:
»Nun, was möchtest du
am allerliebsten zu Weihnachten haben?«
Der Junge denkt an das eingerahmte Bild daheim
mit der Fotografie seines toten Vaters und sagt:

»Ich wollte, daß mein Vater aus seinem Rahmen herausträte
und wieder bei uns wäre.«
Dieser kleine Junge
verlieh der Sehnsucht aller Menschen Worte.
Uns verlangt nach Geborgenheit und Frieden,
nach einer starken Hand,
die uns herausreißen kann
aus unserer Schwachheit und Kümmerlichkeit,
nach einem wohlmeinenden Vater.
Wir wünschen, daß Gott
aus dem Rahmen des Ungewissen heraustritt,
daß er sich uns zeigt,
daß er spürbar und greifbar wird für uns,
und persönlich uns seine Vergebung
und seinen Frieden zusichert.

Oft genug bleibt unsere Suche erfolglos,
weil wir nicht am richtigen Ort suchen.
Oft genug bleibt unsere Sehnsucht ungestillt,
weil unsere Wahrnehmung begrenzt ist,
weil wir allein darauf bedacht sind,
daß sich unsere Vorstellungen erfüllen.
In der Bibel finden wir alles,
was wir über Gott wissen können,
wir brauchen die Geschichten nur zu lesen
und zu verstehen suchen
und werden dort mehr Antworten finden,
als uns vielleicht lieb ist.
Jesus, der Mann aus Nazareth,
ist der aus dem Rahmen des Unsichtbaren
herausgetretene Gott.
Er zeigt uns die Zuneigung Gottes zu uns.
In der Geschichte dieses Tages
wirkt er nicht so sehr als Arzt,
der einen kranken Körper heilt,
sondern als einer,
der mit dem Innenleben der Menschen vertraut ist,
der auch die verwundete Seele wieder zurechtrückt.

2. Liebe macht erfinderisch

Da ist einer, der sich selbst nicht helfen kann.
Der Strohsack, auf dem er bewegungslos liegt,
das ist seine Welt. Mehr nicht,
wenn da nicht seine Freunde wären.
So ist er nicht allein in seinem Unglück.
Er hat Menschen, die ihm zugetan sind:
Nächste, die sich für ihn in Bewegung setzen.

Wir brauchen nicht gelähmt zu sein,
um zu wissen, wie gut es tut,
Freunde zu haben, die für einen da sind.
Das Leben wird leichter durch sie.

Die Liebe macht die Freunde erfinderisch.
»Wenn der Prophet nicht zum Berg kommen kann.
muß eben der Berg zum Propheten kommen,«
denken sie wohl bei sich.
So tragen sie ihren Freund,
dessen Krankheit wie eine Last ist,
die er und sie nicht tragen können;
sein Unglück ist wie ein Berg,
über den es keinen Weg zu geben scheint.
Sie tragen ihn zu dem Haus, in dem Jesus ist.
Aber da ist kein Durchkommen,
zu viele Menschen versperren Weg und Tür.
Sie hätten verzweifelt aufgeben können
- »höhere Gewalt eben,
da kann man nichts machen« -
und zurückgehen können,
aber sie schleppen ihren Freund
hinten herum aufs Dach,
decken das Dach ab und lassen ihn von oben herab
Jesus direkt vor die Füße.
Sie steigen Jesus gleichsam zuerst aufs Dach
und legen ihm dann ihre Not vor die Füße.
Ihre Liebe macht sie erfinderisch.

Sie haben hohe Erwartungen,
wollen endlich Hilfe spüren.
»Wenn einer was machen kann,
dann dieser Mann,
von dem so Wundersames erzählt wird.«
Jesus sagt:
»Deine Sünden sind dir vergeben.
Steh auf und geh!«

Das haben sie sicher nicht erwartet:
Gute Worte statt eines Wunders.
»Er könnte doch seine Hand auf ihn legen,
die mürben Knochen heilen
und ihn segnen,
statt bloß schöne Worte zu machen«,
haben sie vielleicht gedacht.
Oder: »Was hat er denn verbrochen,
daß er so krank ist?
Das hat doch nichts mit Vergebung zu tun.
Medizin brauchen wir.«
Sie wünschen Heilung statt Vergebung.
Jesus aber geht an die Wurzel des Übels,
er setzt vergangene Schuld außer Kraft.

Der Mann, der da vor Jesus liegt,
hat offenbar zwei Lähmungen.
Zum einen sind seine Glieder krank,
er kann sich nicht so bewegen,
nicht so recht Anteil nehmen am Leben,
wie er es gerne möchte.
Er leidet unter seiner Beschränkung,
und seine Freunde leiden mit,
alle Kraft wenden sie auf,
das sichtbare Leid zu verringern,
ohne dabei auf das innere Leiden zu achten.
In seinem Inneren aber wird er genauso festgehalten
wie durch die Krankheit seiner Knochen.
Nun erlebt er durch Jesu Zuspruch,

wie Vergangenes unwirksam werden kann,
wie etwas, was ihn lange beschäftigte,
quälte und gefangen hielt,
plötzlich seine Macht über ihn verliert,
wie sich seine Sinne für neues öffnen,
wie er sich selbst, Gott und der Welt
mit anderen Augen begegnen kann.

Der hilflose Kranke steht auf,
trägt das Strohbett,
das ihn bisher getragen hat,
und geht in ein neues Leben.
Er ist glücklich
und seine Freunde auch.
Die Liebe, die erfinderisch macht,
hat geholfen und geheilt.
Die Liebe hat das befreiende Wort möglich gemacht.
Aber auch dieses Leben geht einmal zu Ende.
Auch dieser Geheilte wird später sterben.
Meine Frage ist:
Zeigt die Geschichte nicht auf ein Mehr?
Weist sie nicht in eine Zukunft,
in der alle, auch die Toten,
diese Stimme hören:
»Ich sage dir: Steh auf!«?

3. Vergebung ermöglicht erst das Leben

Mahatma Gandhi,
der große indische Friedenssucher,
erzählt in seinem Tagebuch:

»Ich war 15, als ich einen Diebstahl beging.
Ich hatte Schulden, 37 Mark,
stahl meinem Vater ein goldenes Armband,
verkaufte es und bezahlte die Schuld.
Aber ich hatte mir zuviel zugetraut.

Ich konnte die Last des Gewissens nicht ertragen.
Ich mußte es meinem Vater sagen.
Brachte aber meinen Mund nicht auf,
als ich vor ihm stand.
Ich entschloß mich,
mein Bekenntnis niederzuschreiben,
es meinem Vater zu überreichen
und ihn um Verzeihung zu bitten.
Ich zitterte am ganzen Leib,
als ich den Zettel meinem Vater gab.
Er las ...
Für einen Augenblick schloß mein Vater die Augen;
dann zerriß er das Papier.
‚Ist gut‘, sagte er noch.
Alles war verziehen.
Von da an hatte ich den Vater noch lieber.
Und er mich.«

Mahatma Gandhi hat in seiner Kindheit erfahren,
daß Schuld schrecklicher sein kann als Schmerz,
und ihm ist der Weg zu seinem Vater nicht leicht gefallen,
ein Umweg mußte herhalten;
um so mehr erstaunte ihn das Verhalten seines Vaters.
Der Vater spricht zu ihm wie Jesus zu dem Kranken.
Wie schön wäre es, wenn wir einem anderen etwas schulden,
und er vergäbe uns so großmütig mit seinem ‚Ist gut‘.

Der Mensch kann dem Menschen vergeben
und so Leben und Welt neu machen,
ja mehr noch die Liebe verdoppeln.
Leben wird heil, wo wir miteinander nicht verrechnen,
sondern vergeben.
Wenn einer zum anderen sagen kann:
‚Ich weiß, wie du bist und was dir anhängt –
ich weiß, wie ich bin und was mir anhängt,
wir wollen dennoch miteinander leben.‘
Das heißt Vergebung.

Und wo bleibt Gott dabei,
werden manche vielleicht fragen.
Er ist kein Extra.
Wenn das Unfaßbare geschieht;
schuldige Menschen reden miteinander;
schuldige Menschen nehmen sich und andere an;
wir stellen keine Bedingungen der Liebe mehr;
wir rechnen einander nicht vor.
Wenn das anfängt, dann ist Gott unter uns,
so nah wie Jesus dem gelähmten Mann,
dann breitet sich Heil aus.

4. Miteinander leben

Eine Geschichte wie die Heilung des Gelähmten
und ein Ereignis wie das Erntedankfest
können uns neu anregen,
die Zeit, die uns Gott schenkt,
auch sinnvoll miteinander einzusetzen.

»Miteinander Leben
aus der Liebe, die Gott gibt,
läßt uns jeden Tag erfahren,
was Gott möglich macht:
daß wir aufeinander hören,
daß wir nach einander fragen,
daß wir miteinander sprechen,
und so füreinander da sind.

Miteinander leben
aus der Liebe, die Gott gibt,
läßt uns jeden Tag erfahren,
was Gott möglich macht:
daß wir auf den andern warten,
daß wir nach dem andern suchen,
daß wir mit dem andern leiden,
und so füreinander da sind.

Miteinander leben
aus der Liebe, die Gott gibt,
läßt uns jeden Tag erfahren,
was Gott möglich macht:
daß wir aufeinander achten,
daß wir nach einander schauen,
daß wir miteinander hoffen,
und so füreinander da sind.«

(Dieter Frettlöh)

So möge Gott uns wachsen
und Frucht bringen lassen.

6. Angedacht - Kurzandachten zu Erntedank

Zwischen Not- und Brotzeiten

Zum Erntedankfest bringen Menschen Erträge aus ihrem Garten, ein Päckchen Kaffee, ein Glas Marmelade oder ein Brot in ihre Kirche, damit der Altar geschmückt werden kann. Der zum Gottesdienst versammelten Gemeinde soll so sichtbar vor Augen geführt werden, wie gut wir es haben – anders als viele Menschen dieser Erde –, und wie dankbar und zufrieden wir eigentlich sein müßten.

Sind wir dankbar? Sind wir zufrieden? Können wir unseren Wohlstand (noch) würdigen? Oder haben wir uns schon daran gewöhnt wie an etwas Selbstverständliches? Seine Gesundheit lernt man erst richtig schätzen, wenn man einmal (sehr) krank war. Brauchen wir Notzeiten, um neu zu ermessen, wie gut es uns geht? Die Älteren unter uns, die die Kriegs- und Nachkriegsjahre miterlebt haben, wissen noch aus eigener Anschauung, wie schwer das Leben sein kann, wenn man heute nicht weiß, wovon man morgen sattwerden soll.

Gut, daß es das Erntedankfest gibt! Da machen wir es uns wenigstens einmal im Jahr bewußt, wieviel Grund zur Dankbarkeit wir haben. Zu leicht vergessen wir das! Schon der alttestamentliche Beter bekennt: »Lobe den Herrn, meine Seele, und vergiß nicht, was ER dir Gutes getan hat« (Ps 103,2). Dieser Beter weiß um unsere Vergeßlichkeit. Nicht nur, daß wir mitunter oder häufig ein »Dankeschön« zu sagen vergessen. Nein, daß wir *dem* unseren Dank zu sagen vergessen, der uns so überreich beschenkt: Gott. Darum mahnt uns der Psalmist: »und vergiß nicht, was ER – Gott – dir Gutes getan hat.«

In all dem *Guten*, das wir täglich erfahren, wird uns die *Güte* Gottes greifbar. Das tägliche Dankgebet kann uns helfen, nicht zu vergessen, wie gut wir es haben. Das tägliche Dankgebet kann uns eine gute Übung werden, unseren Wohlstand zu würdigen, ihn dankbar aus Gottes Hand zu nehmen. Das tägliche Dankgebet macht aus uns zufriedene Menschen. Es müssen nicht Notzeiten sein, die uns lehren, die guten Zeiten zu schätzen! Es kann einfach die Übung des täglichen Dankgebets sein, die uns davor bewahrt, zu vergessen, was Gott uns täglich Gutes tut.

Intensiv leben lernen

Wir haben miteinander in einem großen Bilderbuch geblättert – im Bilderbuch der guten Gaben Gottes. »Wie sie staunten, wie sie lachten, wie sie wieder mal nachdachten« – das wäre heute für uns zum Erntedankfest dran. Denn aus dem Denken kommt das Danken!

Jetzt ein paar Impulse zum Nachdenken, damit wir das Erntedankfest richtig begehen können: Gott schenkt uns soviel, was unser Leben erhält und fördert. Erkennen wir dieses als seine Gaben? Oder kassieren wir das Tag für Tag als Selbstverständlichkeit? Brot – nicht der Rede wert, versteht sich von selbst, daß man es kaufen kann. Stimmt das wirklich? Immer wieder sehen wir in den Medien Situationen, die nach Brot für die Welt schreien, wirklich schreien. Hören wir diese Schreie?

Wie äußert sich unsere Dankbarkeit für die keineswegs selbstverständlichen Gaben Gottes? Wie steht es mit dem Tischgebet in unseren Familien? Leiern wir es nur herunter, oder ist unser Herz dabei? Können wir für das tägliche Brot wirklich danken? Das Bilderbuch hat uns gezeigt, daß uns Gott nicht nur Nahrung gibt. Er vertraut uns seine Schöpfung an. Das ist das Wasser in unseren Häusern, in Flüssen und Bächen. Das ist die Luft, die wir zum Atmen brauchen. Das ist die Tier- und Pflanzenwelt, an denen wir mit einem gedankenlosen Tritt, mit einem jähen Schlag, mit einem chemischen Mittel so oft schuldig werden.

Gottes anvertraute Leihgabe, das ist nicht zuletzt die Gesundheit deines Körpers. Dankst du Gott, deinem Schöpfer, indem du deinen Körper gesund erhältst und pflegst? Oder verachtest du den Schöpfer, indem du deinen Körper durch Alkohol, Nikotin und andere Drogen systematisch vergiftest? Ein Arzt sagte: »Die Menschen fressen sich heutzutage zu Tode!« Das ist ein schreiender Gegensatz zur Hungersnot in anderen Gebieten der Erde.

Was gefährdet unser Leben? Wohl zuallererst unsere Selbstherrlichkeit. Wir möchten die Herren sein und niemandem Rechenschaft schulden. Wir wollen tun und lassen, was uns Spaß macht. Wir nehmen gern in Anspruch, was der Schöpfer sagt: »Macht euch die Erde untertan!« Aber wir lassen uns nicht gern auf das Vorzeichen ein, unter dem das gesagt ist: »Ich bin der Herr, dein Gott, und du bist mir verantwortlich.« Unsere Willkür im Umgang mit der Schöpfung Gottes hat nicht nur weltweite Nöte und Krisen ausgelöst, sondern wirkt sich aus bis in unseren privaten Bereich hinein.

Fassen wir die Gefahren ins Auge, die es zu erkennen und denen es zu begegnen gilt: Der Prior der Bruderschaft von Taizé, Roger Schutz, hat Menschen weltweit zum Miteinander-Teilen aufgerufen. Das schlägt unserem angeborenen Egoismus glatt ins Gesicht. Wir wollen haben, mehr haben, alles haben, sofort haben – aber teilen? Das Problem ist seit unseren Kindheitstagen nicht gelöst. Denn dann müßte sich unser Herz lösen von den Dingen, an denen es hängt. Dann müßten wir mit dem Herzen erkannt haben, daß es kein Eigentum gibt, sondern nur anvertraute Leihgaben, und daß wir diese Gaben zeitweilig besitzen, um einander zu helfen.

Man kann ein Stück Brot mit dem anderen teilen, aber auch die Wohnung mit einem, der Übernachtung sucht. Man kann das Geld mit Menschen teilen, die in Not sind, aber auch die Zeit, um jemanden anzuhören und für ihn einfach da zu sein.

Begänne heute an diesem Erntedankfest eine Welle des Miteinander-Teilens, dann könnte das eine Kettenreaktion des Segens werden, die sich sicherlich nicht nur auf unsere Gemeinde beschränkt. Eine andere Gefahr sehe ich noch: Wir meinen, die Steigerung unseres Lebensstandards bringe uns eine Bereicherung des Lebens. Aber stimmt das denn, daß mehr Dinge um uns her, die Anhäufung von technischen und materiellen Werten unser Leben sinnvoller macht? Ich habe Menschen kennengelernt, die gerade angesichts ihres Reichtums sagen: »Ist das nun alles? Soll das Sinn und Ziel unseres Lebens sein?«

Laßt uns doch gemeinsam entdecken, daß man nicht nur breitspuriger leben kann, sondern auch intensiver! Nicht ausgewiesen durch die modernere Wohnungseinrichtung oder die bessere Automarke, sondern durch die größere Freude und den festeren Halt. Laßt uns entdecken, daß es Werte gibt, die sich nicht auf ein solch Bild malen lassen, die uns Gott genauso zur Verfügung stellt und anvertraut: die geistigen Werte in Kunst und Wissenschaft. Gott gab dir Augen, die sich an der bildenden Kunst

erfreuen können; er gab dir Ohren, durch Musik dein Leben reicher zu gestalten; er gab dir einen Sinn für das Schöne und Har-
monische; er hat deinem Denken die Gabe der Logik verliehen,
mit der du manches entdecken, kombinieren und erforschen
kannst.

Laßt uns schließlich entdecken, daß uns Gott, der Herr, über
alle materiellen und geistigen Gaben hinaus geistliche Werte
anvertraut hat. Wir haben den Altar geschmückt, den das Bild des
gekreuzigten Christus beherrscht. Wir freuen uns an der herrlichen Erntekrone, die unsere Kirche ausschmückt. Und das alles
bedeutet: Gott gibt dir nicht nur Anteil an den Gaben seiner
Erde. Er hat dich zum Erben seines Reiches berufen. Denn du
bist sein Kind! Wir überreich Beschenkten haben reichlich Anlaß
zum Danken: mit Herzen, Mund und Händen! Und nicht nur
heute – sondern alle Tage.

Danken mit Herzen, Mund und Händen

Wir feiern heute das Erntedankfest. Wir – das sind heute nicht nur die in der Landwirtschaft Tätigen oder die mit der Bearbeitung landwirtschaftlicher Produkte Beschäftigten. Wir – das sind wir alle hier mit unseren sehr unterschiedlichen Arbeitsplätzen: Beamte – Handwerker – Arbeiter – Selbständige – Hausfrauen – Schüler – in der Ausbildung Befindliche – Rentner. Wir alle feiern heute Erntedankfest, und jeder denkt dabei an die landwirtschaftliche oder eine andere Ernte: an das Getreide, an die Rüben, an die Kartoffeln, an die Äpfel und Birnen und was der Garten sonst noch hergibt. Mancher denkt an die Milchpreise, aber auch an die Milchquotenregelung, an den Fleischpreis, aber auch an die steigenden Futterkosten für die Landwirte. Viele denken nicht so sehr landwirtschaftlich orientiert, sondern heute vielleicht an andere Ernten: an das Gehalt, das jeden Monat zur Verfügung steht; an den beruflichen Erfolg, den kleinen oder den größeren; an den Neuerwerb einer Arbeitsstelle; an das inzwischen fertiggestellte Eigenheim; an den neuen Kühlschrank. Und auch an diese Ernte sei erinnert: an die Zensuren im letzten Zeugnis; an das Bestehen einer Prüfung; an die Geburt eines Kindes; an gute Freundschaften, die sich vielleicht in letzter Zeit entwickelt haben; an die Rente oder Pension nach dem Ausscheiden aus dem Berufsleben.

Ernte: das ist ein vielfältiges Gebiet. Ich habe nur wenige Bereiche eben berührt. Nun heißt der heutige Sonntag ja: Erntedanktag oder Erntedankfest. »Ernte« und »Dank« werden hier miteinander verknüpft. Und in Beziehung zu Gott gebracht: Ich danke Gott für meine Ernte. Ich bin Gott dankbar für *meine* Ernte. Bin ich das? Bin ich das wirklich? In einem Lied heißt es: »Nun danket alle Gott mit Herzen, Mund und Händen.« Mit dem Mund geht das noch relativ einfach. Ich kann ein Danklied singen, ich kann ein Dankgebet sprechen. Aber mit dem »Herzen«? Bin ich mit dem Herzen dabei? Bin ich Gott gegenüber von Dankbarkeit erfüllt? Freue ich mich darüber, und spüre ich innerliche Bewegung dabei, daß Gott es gut mit mir meint? Sehe ich meine Ernte als ein Zeichen der Güte Gottes, als ein Zeichen seines Segens an? Bin ich Gott von Herzen dankbar?

Ist es eigentlich so einfach, Gott dankbar zu sein? Ich glaube nicht. Ich glaube, viele von uns tun sich da schwer. Dankbarkeit fällt einem nicht in den Schoß. Vielleicht möchten wir dankbarer sein, denn wir wissen: Dankbare Menschen sind zufrieden. Doch wie oft sind wir unzufrieden, undankbar? Dankbarkeit - dieses Gefühl kann man nicht plötzlich in sich herstellen. Vielleicht denken Sie: Entweder man ist dankbar, oder man ist es nicht. Entweder man ist zufrieden, oder man ist es nicht. Stimmt das so? Hat man es, oder hat man es nicht? Oder kann man Dankbarkeit auch lernen?

Ja, Dankbarkeit kann man lernen. Und beten - das ist der Weg, wie wir Gott gegenüber dankbar werden können. Und das kann jeder von uns lernen. Wenn er es lernen will! Was ist zu tun? Nun, etwas ganz Konkretes: Lassen Sie doch einfach am Abend, wenn Sie bereits im Bett liegen und einschlafen wollen, lassen Sie dann doch einfach noch einmal den vergangenen Tag an sich in Gedanken vorüberziehen. Und denken Sie dabei: Wo habe ich heute Gottes Güte erfahren? Was werden Sie alles entdecken! Das freundliche Gesicht der Ehefrau, die Ihnen sagte: »Der Kaffee ist fertig«. Der Sie erheiternde Witz des Kollegen, der Sie in seinem Auto mit an den Arbeitsplatz nahm. Die erfreuliche Tatsache, daß die Arbeit gut vonstatten ging. Der freudige Blick der Kinder, als Sie von der Arbeit heimkamen. Ein schönes Abendessen, das zu einem ihrer Lieblingsgerichte zählte. Und auch das gehört zu den Freuden, die uns Gottes Güte erfahren lassen: die Entspannung bei der Gartenarbeit; der Spaziergang im Wald; das Spiel mit den Kindern; die Liebe des Ehepartners. All das - das kann man sich willentlich vornehmen - all das kann man noch vor dem Einschlafen bedenken, Stück für Stück, und nach und nach. Und dann - wenn man sich seinen Tageslauf so bewußt macht - dann entdeckt man: »Mensch, ich habe es doch gut. Ich kann doch sehr zufrieden sein. Gott, hab Dank für diesen Tag, hab Dank für alles, wodurch du mich erfreut hast!«

Wer sich dieser Übung unterzieht und das regelmäßig abends tut, der wird ein dankbarer Mensch. Der wird ein zufriedener Mensch. Überall in seinem Leben entdeckt er Spuren der Güte und des Segens Gottes. Und so wird er Gott von »Herzen« dankbar und lebt sein Leben viel bewußter und intensiver. Jeder von uns, jeder von Ihnen kann dies erleben. Jeder!

»Nun danket« alle Gott mit Herzen, Mund und *Händen*«. Und Händen! Glauben Sie auch, daß ein dankbarer Mensch seine Hände öffnet und denen von seinem Geld und Gut abgibt, die es nicht so gut haben wie er? Wer von uns Gott von Herzen dankbar ist für alle Güte, die er in seinem Leben erfährt, der hat auch ein Herz für die Bedürftigen. Es gibt so viele Gelegenheiten, Gott mit Herzen, Mund und Händen zu danken. Hände können zupacken, helfen, wo es nötig ist: einer alten Nachbarin etwas reparieren; einer alleinerziehenden Mutter mal die Kinder abnehmen; einen Altersheimbewohner im Rollstuhl ausfahren. Hände können streicheln, wo einer Liebe braucht; Hände können das Portemonnaie öffnen, wo man uns um Geld für die vielfältigen Nöte in dieser Welt bittet. Es gibt so unendlich viele Gelegenheiten, Gott mit Herzen, Mund und Händen zu danken.

Gott schenke uns allen ein dankbares Herz, damit wir unser Danklied von Herzen singen und unser Dankgebet von Herzen sprechen können. Damit wir zufriedene Menschen werden. Gott schenke uns allen ein dankbares Herz, daß die Dankbarkeit auch auf unser Handeln abfärbt und wir für Taten der Nächstenliebe bereit werden: Nicht nur im Sinne von: »man müßte«, sondern konkret, mit den Händen zupackend, hilfsbereit.

Brot ist Dienst

Wir sind mit der Gabe »Brot« gut bedient. Sie ist Geschenk, sie ist Segen. Gott wendet sich im Brot uns zu. Er wird so menschlich, daß wir ihn fassen können, ja genießen. Im Kommen des Herrn Jesus Christus erfahren wir Sättigung an Leib und Seele. Mit ihm ist die Fülle des himmlischen Reichtums auf Erden ausgebreitet. Christus hat sich angeboten als das Brot des Lebens. Wer davon nimmt und ißt, der geht nicht hungrig und leer aus.

Brot ist das Zeichen für Sättigung. Wer satt ist, darf zufrieden sein. Er kann weiterleben und empfängt neue Kraft. Wer Brot ißt, ist nicht allein. Denn Brot gehört auch anderen Menschen. Es gehört allen. Wer Brot bricht, hat immer zwei Stücke in der Hand. Er hat noch eines für den, der keines hat. Wer Brot empfängt und satt wird, soll es weitergeben, damit andere auch etwas davon haben. Brot schafft Gemeinschaft. Brot rettet aus Not. Brot-Christus-ich-und der Nächste gehören zusammen. Wenn sie zusammen sind, empfangen wir Segen. Daß wir Gesegnete sind, sollen andere sehen und spüren. Im Brot steckt mehr als nur Kohlenhydrate und Kalorien. Es liegt Liebe und Gemeinschaft darin. Ein Zeichen, das lebendig ist und lebendig macht.

Und noch etwas: Brot ist Dienst, Dienst der Liebe am Kranken, Schwachen, Entrechteten, Bedürftigen. Die Welt lebt vom »Brot-Dienst«. Menschen dürfen dadurch satt werden, genesen, heraustreten in die Freiheit. Diese kühne Behauptung ist gedeckt wie ein Barscheck. Jesus Christus ist selbst Garant dafür. Er ist das Leben-spendende Brot heute, gestern und morgen. Bekommen wir Geschmack an diesem Dienst und an diesem Brot.

Lothar Zenetti packt es in die Worte ein

»Ein Stück Brot in meiner Hand mir gegeben,
    daß ich lebe, daß ich liebe,
    daß ich Speise bin für die andern.

Ein Schluck Wein in meinem Mund mir gegeben,
    daß ich lebe, daß ich liebe,
    daß ich Trank bin für die andern.«

(aus »Texte der Zuversicht«)

Durch Teilen wird man nicht ärmer

Wer Gott dankt, kann nicht seine Mitmenschen vergessen. Das möchte ich mit einer bekannten Geschichte verdeutlichen:

Die Getreideernte war wieder sehr klein; der Frost hatte fast alles verdorben. Der Bauer sagte zu seiner Frau: »Reibe Baumrinde unter das Mehl. Es wird ein hungriger Winter werden«. Im folgenden Jahr kauften sie unter großen Entbehrungen das nötige Saatgetreide. Als die Erntezeit kam, vernichtete ein Hagelwetter den größten Teil der Ernte. Wieder mußte der Bauer zu seiner Frau sagen: »Reibe Baumrinde unter das Mehl. Es wird ein hungriger Winter werden«. Im dritten Jahr kauften sie vom letzten, das ihnen geblieben war, noch einmal Saatgetreide. Diesmal trug der Acker sehr gut; der Bauer brachte eine ausgezeichnete Ernte nach Hause. Sie dankten Gott und waren fröhlich. Der Bauer sagte zu seiner Frau: »Richte uns ein Essen, wie wir lange keins hatten!« Die Frau begann, Baumrinde unter das Mehl zu reiben. »Was soll denn das?«, fragte er, »das ist doch jetzt überflüssig!« – »Nein«, antwortete die Frau, »hast du vergessen, daß unser Nachbar seine Ernte durch den Frost verlor? Laß uns einen Wagen mit Kornsäcken beladen und zu ihm hinfahren. Sonst können wir Gott nicht richtig danken«.

Hieraus lernen wir: Erst wenn wir unseren Reichtum teilen, kommen wir in Gottes Nähe. Dadurch wächst bei uns Freude. Und wir erfahren: Auch wenn wir teilen, werden wir nicht ärmer! Diese Erinnerung kann Gräben ausfüllen, hier in unserer Gemeinde und in unserem ganzen Land: die Gräben zwischen »Ossis« und »Wessis«, zwischen Einheimischen und Asylsuchenden, zwischen Arbeitslosen und allen, die einen sicheren Arbeitsplatz haben.

Indem wir teilen, danken wir Gott für alles, was unser Leben reich macht.

Weitergeben macht satt

Oft quält uns die Angst, abgeben zu müssen. Unsere Hände verkrampfen sich. Wir schaffen es nicht mehr, sie zu öffnen. Wir wissen nämlich nicht, ob wir verzichten können, ohne dadurch zu darben. Uns wurde eingeprägt: »Selber essen macht satt«. Und wir fürchten uns davor, mit leeren Händen dastehen zu müssen. Diese Angst kann verschwinden. Denn wir dürfen auf Gott hoffen. Das ist kein frommer Spruch. Das ist unsere Wirklichkeit. Wir kommen garantiert nicht zu kurz, wenn wir von unseren Lebensmöglichkeiten abgeben. Hiervon möchte ich eine Geschichte erzählen:

Der beliebte Hausarzt Breitenbach war gestorben. Seine drei Söhne ordneten den Nachlaß. Im untersten Fach eines Schrankes entdeckten sie ein merkwürdiges Gebilde, einen knochenharten Klumpen. Sie meinten, eine besondere Kostbarkeit in Händen zu halten. Da erkannten sie, daß es sich um ein vertrocknetes Stück Brot handelte. Die alte Haushälterin wußte, was es mit dem Brot auf sich hatte: In den Hungerjahren nach dem 2. Weltkrieg war der Arzt einmal schwerkrank vor Erschöpfung zusammengebrochen. Die Ärzte verordneten Ruhe und kräftige Kost. Doch woher sollte die kommen? Damals hatte ein Bekannter ein halbes Brot geschickt mit dem Wunsch, der Herr Doktor möge bald wieder zu Kräften kommen; es sei gutes Schrotbrot, von einem Ausländer ihm geschenkt.

Zu dieser Zeit lag im Nachbarhaus gerade die kleine Tochter des Lehrers krank. Dorthin schickte der kranke Arzt seine Haushälterin mit dem Brot und sagte: »Was liegt an mir altem Mann; das junge Leben dort braucht es nötiger!«

Aber auch die Lehrersfamilie behielt das Brot nicht für sich; sie gab es einer Flüchtlingsfrau weiter, die im Dachstübchen ein Notquartier gefunden hatte. Die alte Frau freute sich über das Brot und brachte es sofort zu ihrer Tochter, die mit ihren beiden Kindern in einer Kellerwohnung Zuflucht gefunden hatte. Und diese erinnerte sich daran, daß ein paar Häuser weiter ihr alter Doktor krank lag, der erst kürzlich ihren Sohn behandelt hatte, ohne sich dafür bezahlen zu lassen. Nun ist die Gelegenheit da, dachte sie, mich zu bedanken. Schnell lief sie in das Haus des Arztes. »Wir haben es sogleich wiedererkannt«, schloß die Haushälterin. Als der Arzt sein eigenes Brot wieder in Händen hielt, war er tief erschüttert und sagte: »Solange noch die Liebe unter uns ist, die ihr letztes Stück Brot teilt, solange habe ich keine Furcht um uns alle. Wir wollen das Brot gut aufheben. Und wenn wir einmal kleinmütig werden, müssen wir es anschauen. Dieses Brot hat viele Menschen satt gemacht, ohne daß ein einziger davon gegessen hätte.« Die drei Söhne blickten sich an und schwiegen lange Zeit. Endlich sagte der Älteste: »Wir sollten das Brot unter uns aufteilen. Jeder mag ein Stück davon mitnehmen und aufbewahren zur steten Erinnerung an diese verborgene Kraft. Sie erhielt den Menschen auch in der bittersten Notzeit das Wort vom Brotbrechen lebendig. Dadurch wurde sie zum Hüter des Wortes von der Liebe zum Bruder«.

(Erzählt nach G. Schulze-Wegener, Das halbe Brot, in: Bäume im Wind, Konstanz 1984, S. 308 ff)

Der alte Arzt und seine Söhne haben's verstanden: Was wir weggeben, gehört uns. Und was wir für uns behalten, geht uns verloren. Wagen wir es doch, zu leben: Weitergeben macht uns satt!

III.

Fundgrube –
Weiteres zu Erntedank

Zwölf Bausteine für eine Konfirmandenfreizeit zum Thema »Dank«

Folgende Gedanken lassen sich als didaktische Bausteine in eine Konfirmanden-Freizeit oder in ein Seminar mit Jugendlichen einbauen:

1. Wir erstellen eine Phantasie-Maschine

Nach einem Hinweis auf das zurückliegende / oder bevorstehende Erntedankfest sollen die Konfirmanden in Kleingruppen motiviert werden, eine Phantasie-Maschine zu erfinden und darzustellen. Jede Gruppe erhält eine Anweisung, welche Maschine zu entwickeln ist. Das Thema »Dank« ist obligatorisch. Auswertung im Plenum: Warum haben wir als Kleingruppe gerade unsere Form gefunden?

2. Das Ersteigerungs-Spiel

Alle Konfirmanden erhalten einen Zettel, auf dem *drei* Dinge aufgeschrieben werden sollen, für die sie in ihrem Leben besonders dankbar sind (bzw. wären). Jede/r notiert sich seine Gedanken. Die einzelnen Zettel werden tabellarisch auf eine große Wandzeitung geklebt oder notiert. Jede/r der Konfirmanden hat nun 100 Punkte, die auf der Wandzeitung aufgeteilt werden können. Dabei gilt es festzustellen, für was ich besonders dankbar bin (wäre). Was erhält meinen Großteil der Punkte, für was bin ich besonders dankbar? Niemand darf mehr als 100 Punkte vergeben. Auf der Wandzeitung läßt sich jetzt eine Rang- und Wertigkeitsfolge erkennen. Ein Gruppengespräch setzt ein, z.B. über die Feststellung, warum einige doch wichtige Dinge nur eine geringe Punktzahl erhalten haben.

3. Collage zum Thema

Aus verschiedenen Zeitschriften sollen nun Dinge / Berichte / Bilder und Meinungen ausgeschnitten werden, die dann zu einer Collage zum Thema »Dank« zusammengebaut werden (mögl. in Kleingruppen). Die in Kleingruppen erarbeitete Collage wird im Plenum vorgestellt und diskutiert. Fragen können sein: Vermittelt etwas so Bestimmendes wie die Werbung uns überhaupt noch ein Gefühl von Dank? Werden nicht durch die Werbung immer neue Wünsche und Begierden erweckt? Ein weiteres Gespräch über den Einfluß der täglich wahrnehmbaren Werbung schließt sich an.

4. Psalmposter zu Psalm 104

Psalm 104 i.A. wird gelesen und diskutiert im Hinblick auf die hier benutzten Bilder und Aussagen. Welche Aussagen über Gott lassen sich erkennen? Wie reagiert der Psalmbeter auf die Dinge, die er als von Gott gegeben erfährt? Wo läßt sich das Thema »Dank« in diesem Psalm erfahren? Dieser Psalm kann nun in Klein-Gruppen als Poster gestaltet werden. Jede Kleingruppe versucht, für ihr Poster im Plenum zu »werben«.

5. Das Danke-Lied

Die Texte des Liedes »Danke« werden ausgegeben. Das Lied wird in seiner Morgen- bzw. Abendfassung nacheinander gesungen, auf den Inhalt hin untersucht. Beachtenswert: die viel stärker theologisch ausgerichtete »Abend«-Version gegenüber der für Konfirmanden gut verständlichen »Morgen«-Fassung. Welche Verschiebung ist hier erkennbar? Nach Besprechung der beiden Fassungen können die Konfirmanden in Kleingruppen versuchen, selbst Verse zu der bekannten Melodie zu verfassen.

6. Die zehn Aussätzigen

In kurz vorbereiteten Anspielen sollen in Kleingruppen Szenen erfunden oder dargestellt werden, wo jemand um etwas bittet. Welche Gesten sind vorstellbar? Warum gerade diese oder jene Geste? Im Anschluß an diesen Auftakt wird Lukas 17,11–19 gelesen, die Geschichte von den zehn Aussätzigen. Leitfragen: Worum haben diese Menschen so sehr gebeten? Was bedeutet

Aussatz? Warum bedankt sich nur einer? Welche sind die Ausreden der anderen? Wo kommt diese Geschichte in unserem Leben vor? Im folgenden kann nun versucht werden, diese biblische Geschichte nachzuspielen und / oder ihr ein anderes Ende zu verleihen. Wie könnte diese Geschichte wohl weitergehen? Welche Möglichkeiten stecken in den anderen neun Leuten? Die verschiedenen Fassungen werden dem Plenum vorgespielt.

7. Anlaß zur Bitte und Fürbitte

Aus den mitgebrachten Zeitschriften werden Dinge ausgesucht, die Anlaß zur »Bitte« geben. Es können Informationen und Nachrichten aller Art sein. Nach dieser Kleingruppenarbeit werden diese Ergebnisse zunächst wieder dem Plenum vorgestellt, anschließend werden wieder in Gruppen die Bitten zu Fürbitten formuliert.

8. Gespräch mit Karikaturen

Die Gesprächs- und Arbeitsergebnisse der beiden letzten Einheiten werden jetzt zusammengefaßt. Eine gute Hilfe ist es, Karikaturen z.B. von Küstenmacher auf einem Arbeitsblatt zusammenzustellen, an denen folgende Fragen noch einmal in einem freien Gespräch erörtert werden können: Wie leicht fällt uns das Bitten! Wie schwer fällt uns hingegen das Danken!

9. Weiterarbeit am Vaterunser-Text

Als Überleitung zu einer neutestamentlichen Antwort auf die Frage nach Dank und Bitte und somit auch zum Gebet selbst sollte der Rahmen des Vaterunser (lukanische Fassung) erarbeitet werden. Die Textfassungen der Logien über Gebetserhörung (Mt 7 / Lk 11) werden ausgegeben und miteinander verglichen. Besonders das Gleichnis vom bittenden Freund sollte intensiv besprochen werden. Welche Gesten bieten sich für die Konfirmanden, um die Geschichte im heutigen Kontext zu verdeutlichen?

Es empfiehlt sich, das Vaterunser auch als Lautsprache einzu-
üben. Welche Gesten sind dabei wichig? Ein Vorschlag findet
sich in: Arbeitshilfen KU, Heft 15, 1989, ed. RPI Loccum. Im
Anschluß an diese Übung werden die einzelnen Bitten des Vater-
unsers besprochen. Welche Bitten kann ich gut nachvollziehen,
wo sind Schwierigkeiten?

10. Brot als Symbol

»Unser tägliches Brot gib uns heute« . . . was hat Jesus damals mit
dieser Bitte gemeint? Ist vielleicht auch etwas anderes gemeint als
das »Lebens-Mittel-Brot«? Welche Deutungen läßt diese Bitte zu?
Ein Laib Brot könnte auf ein weißes Tischtuch gelegt werden,
dazu Assoziationen auf Karten schreiben und um das Brot
drumlegen.

11. Danklandschaft

In kreativer Form können die Konfirmanden eigene Vorschläge
kreieren und umsetzen: Wie kann (m)eine Danklandschaft ausse-
hen? Welche Symbole lassen sich zum Thema »Dank« und
»Bitte« als Bastelarbeiten erfinden und gestalten? Anschl. werden
aus Pappe ausgeschnittene grüne Blätter mit Danksagungen und
Bitten/Wünschen beschrieben und an einen Baum (aus Pappe
oder Holz gefertigt) geheftet. Dieser Baum wird für die spätere
Andacht benötigt. Weitere Kurzgeschichten und Lieder zum
Thema gehören hierhin!

12. Brotbrechen oder Hl. Abendmahl

Der markinische Abendmahlsbericht wird gelesen und mit dem
paulinischen Bericht verglichen. Wofür haben wir Jesus zu danken? Was möchte Jesus mit seiner Feier des Abendmahles erreichen? Hier können auch Hinweise erfolgen, daß Dank, Bitte und
Klage Grundelemente des Abendmahles sind. Alle anderen gefer-
tigten Dinge können ebenfalls als Bausteine für die Andacht verwendet werden.

(*Anmerkung des Herausgebers:* Für das Weitergeben von Brot und Wein empfiehlt es sich, auf einem Tisch Fladenbrote und Weintrauben bereitzulegen. Jeder Jugendliche nimmt Brot und Weintrauben und reicht diese »Lebens-Mittel« einem anderen weiter. Das Weiterreichen sollte nicht an den besten Freund / an die beste Freundin geschehen, sondern besonders an jene, mit denen man bisher überhaupt noch nichts zu tun hatte, oder mit jenen, zu welchen Spannungen sich entwickelt haben. So stiftet diese Form vielleicht auch einen versöhnenden Charakter).

Erntedank?

Ich bin verwirrt.
Für mein Brot habe ich gearbeitet,
es aber nicht aus dem Boden gezogen.
Das überlassen wir den wenigen,
die mit der Scholle noch umgehen.
Aber auch das läßt sich nicht mehr zusammenreimen,
wenn der, der das Feld bestellt,
eine Tages arbeitslos ist.
Wo bleibt dann das Brot, wo kommt es her?
Es ist doch im Überfluß da.
Wo es herkommt, juckt keinen.
Die Hauptsache: Es ist da.
Und es schmeckt.
Selbst Brot – synthetisch hergestellt –
soll seinen Zweck nicht verfehlen.
Und doch gibt es Hunger in der Welt,
viel Hunger.
Ob das so bleibt, weil es so bleiben muß?
Weil es die Verteilerstrukturen und einige wenige,
die das Geschäft machen, es nicht erlauben?
Brot – die Lebensgrundlage für alle;
und doch werden so wenige satt –
nach Gottes Willen?
Möglicherweise hängt es daran,
daß unser Wille mit der guten Absicht des Schöpfers
nicht mehr zusammengeht.
Dann bekommen wir Angst vor unserer eigenen Courage.
Denn der Boden ist sauer und schlecht geworden,
die Luft zum Ersticken,
das Wasser zum Ausspeien,
die Müllhalden zum Erbarmen.
Oh, Dank! –
Wie oft bist du mir ein Fremdwort.
Öffne mir Herz und Hände, Herr des Dankes,

daß ich wieder danken kann.
Für's Brot gibt es etwas zu tun,
und zugleich ist Brot ein Geschenk des Himmels.
Du bist satt. – Wirklich?
Nimm dein Brot und brich es mit anderen.
Dann gehe hin und sprich:
»Unser tägliches Brot gib uns heute.«

Alter Mann im Herbst

Gekommen war der Herbst. Die bunten Blätter
der Bäume streichelte der Wind ganz leicht.
Ich nutzte zum Spazierengehn das Wetter
und hab dabei den Park der Stadt erreicht.

Es saß ein alter Mann dort auf der Bank,
geprägt von einem vielbewegten Leben.
Ich trat hinzu und setzte mich daneben.
Er schwieg. Doch plötzlich sprach er: »Habe Dank!«

Ich dachte mir verwirrt: Zu wem er spricht?
Wen könnte er mit seinem Dank wohl meinen?
Da zog ein Lächeln über sein Gesicht,
er wandte sich mir zu und sprach: »Dem Einen

galt dieses Wort des Dankes, ihm allein,
der mich in meinem Leben reich beschenkt hat,
behütet und oft unsichtbar gelenkt hat.
Ich schau zurück und will ihm dankbar sein.«

Dann schwieg er, und er schien zurückzuschaun,
um Orte, Plätze, Namen auszuwählen.
Und er begann ganz leise zu erzählen
und mir Erlebnisse anzuvertraun.

Viel hatte er erlebt, und manches Tal
auf seinem Weg führte durch Dunkelheiten.
Die Wege warn beschwerlich oft und schmal.
Und dennoch sagte er: »Zu allen Zeiten

hab ich doch stets gewußt: Ich werd geführt,
an hellen Tagen und auf schweren Wegen.
Ich habe Gottes Beistand, seinen Segen
in meinem langen Leben stets gespürt.

Und mag mein Weg nun bald zu Ende sein:
Ich danke ihm, daß ich zu leben lernte.
Und geh ich nun ins letzte Feld hinein,
bin ich gewiß, daß ich auch dort noch ernte.«

Und wieder schwieg er, sah mich freundlich an
und sagte lächelnd dann: »Ich wünsch euch Jungen
am Ende Dank und auch Erinnerungen,
mit denen man zufrieden gehen kann.«

Dann stand er auf, gab freundlich mir die Hand,
ging fort. Ich sah ihm, als er sich entfernte,
noch lange nach, bis er dem Blick entschwand.
Und dachte still: »Welch eine reiche Ernte!«

Ausgewählte Texte zu Erntedank

Liebet die ganze Schöpfung Gottes! Sowohl den ganzen Erdball wie auch das kleinste Sandkorn. Jedes Blättchen liebet und jeden Sonnenstrahl! Liebet alle Dinge! Wenn ihr das tut, so werden sich euch in ihnen die Geheimnisse Gottes offenbaren. Und wenn das geschieht, so werdet ihr ihn selbst von Tag zu Tag mehr erkennen und schließlich werdet ihr ihn und die ganze Welt in einer einzigen großen Liebe umfassen.

Fedor M. Dostojewski

Dankbarkeit entspringt nicht aus dem eigenen Vermögen des menschlichen Herzens, sondern aus dem Worte Gottes. Dankbarkeit muß darum gelernt und geübt werden. Jesus Christus und alles, was in ihm beschlossen ist, ist der erste und letzte Grund aller Dankbarkeit. Dem Dankbaren wird alles zum Geschenk, weil er weiß, daß es für ihn überhaupt kein verdientes Gut gibt. Er unterscheidet darum nicht zwischen Erworbenem und Empfangenem, Verdientem und Unverdientem, weil auch das Erworbene Empfangenes, das Verdiente Unverdientes ist. In der Dankbarkeit kehrt jede Gabe verwandelt in ein Dankopfer zu Gott zurück, von dem sie kam.

Dietrich Bonhoeffer

Zweierlei braucht der Mensch unbedingt zum Leben: Brot und Gottes Wort. Das eine für hier, das andere für hier und dort.

Hannelore Frank

Liebeslied

O welch ein Wunder hast du doch an mir vollbracht; in tiefer Dunkelheit und Nacht lag meine Seele brach. Dem unbestellten Acker gleich, der lechzt nach Saat und Ernte.
  Du nahmst mich dir zu eigen, um jener Welt, dir selbst und mir des Wunders liebstes Kind zu zeigen.

U. Buschmann

Die zehn Gebote für das 20. Jahrhundert

1. Du sollst der Schöpfung deines Gottes Ehre erweisen; denn sein ist alles.

2. Du sollst dich jeglicher Kreatur annehmen; denn in seinem Auftrag verwaltest du.

3. Du sollst begreifen lernen, daß du in einem Garten wohnst mit allen Lebewesen gemeinsam; denn ihr Geschick ist auch das deine.

4. Du sollst allem wehren, das Hand anlegt an die Schöpfung Gottes; denn unwiederbringlich geht vieles verloren, und mancher strebt Vernichtung an.

5. Du sollst dein Leben als Gabe betrachten; denn diese Einsicht lehrt dich die Gabe allen Lebens achten.

6. Du sollst mit den Schätzen der Erde haushalten; denn nach dir besteht die Erde fort.

7. Du sollst Flüsse und Seen sowie Luft und Boden rein halten; denn gesegnet hat Gott die Gaben der Erde, auf daß du dich an ihnen nicht versündigst.

8. Du sollst deinen Fleischkonsum einschränken; denn um deinetwillen geschieht Furchtbares an Orten des Verbergens; und um deinetwillen hungern deine Geschwister, wo immer sie Getreide benötigen, das du ihnen nimmst, um deine Schlachttiere zu mästen.

9. Du sollst tatkräftig damit beginnen zu verändern, was es in deiner engsten Umgebung zu verändern gilt; denn auf dich setzt Gott seine Hoffnung.

10. Du sollst all diese Gebote halten; denn sonst gibt es kein Leben für dich und deine Nachkommen.

Neue Geschichten vom reichen Kornbauern
Variationen über Lukas 12,16–21

1. Vom Pech der guten Ernte

Der reiche Kornbauer freute sich seiner guten Ernte. Da fielen die Getreidepreise über Nacht so bodenlos in die Tiefe, daß er sich wehmütig der Zeiten schlechter Ernten erinnerte. Die Getreidespeicher des Landes waren voll und die Lieferungen in den Osten waren von Ägypten übernommen worden, denen gelang es, ihn und alle seine Kollegen aus dem Geschäft herauszuhalten. Schließlich war er froh, daß er einen Teil der Ernte verkaufen konnte an eine Fabrik, die vergifteten die Körner des Weizens und verkauften sie als Rattengift. Da hoffte der Bauer, der ein reicher Kornbauer gewesen war, daß seine Regierung ein Programm auflegen würde mit Prämien für brachliegende Kornfelder.

2. Leben im Streß

Als der Kornbauer die Ernte überschaute und erkannte, daß sie ihm für Jahre eine wirtschaftliche Sicherheit bewahrte, da stand er einen Augenblick in der Gefahr, zu sich selbst zu sagen: »Sei zufrieden, liebe Seele, nun hast du ausgesorgt.« Doch in diesem Moment wußte er, mit diesem Satz käme der Tod. Der Kreislauf, der an den Streß gewöhnt war, würde das Stillhalten und Ruhen nicht aushalten, ein Infarkt oder ein Gehirnschlag könnte ihn treffen. Da besann er sich auf das einzig Richtige. »Ich muß expandieren, mir eine Herausforderung schaffen,« sagte er sich. So ließ er die Scheunen abreißen und neue errichten, den Hof modernisieren und so lebte er weiter im Streß und wird so lange leben, wie das Leben eine Herausforderung für ihn bleibt.

3. Der Tod als Gewinn

Als der Kornbauer in der Nacht, nachdem er sich über die Rekordernte gefreut hatte und den Auftrag zum Abtrag der alten und zum Neubau der Scheunen gegeben hatte, verstorben war, erhielten die Erben die Lebensversicherung des Bauern ausbezahlt, so daß sie trotz der Modernisierung des Hofes aller finanzieller Sorgen enthoben waren.

4. Das Gleichnis vom selbstgefälligen Pfarrer

Man kann dieses Gleichnis auch so erzählen:

Es war ein guter Theologe und feiner Prediger, der hatte gute Möglichkeiten, und viele Menschen kamen, um ihn zu hören. Da dachte er bei sich selbst: »Was ist noch zu tun? Meine Kirche wird mir zu klein, meine Zuhörer zu fassen.« Da faßte er den Beschluß: Ich will die alte Kirche abreißen und eine größere bauen, da will ich meine Gemeinde sammeln, und dann will ich mich zufrieden geben. Mein Lieber, du hast deinen Teil getan, du hast gute Arbeit geleistet. Gönn dir die Ruhe, genieße das Ansehen, das du erworben hast. Die Zukunft ist gemacht. Aber da sprach Gott zu ihm: »Du Idiot. In dieser Nacht ist dein Ende, und du mußt Rechenschaft abgeben für dein Tun und Lassen. Wer wird dein Werk fortführen, wird es ein Werk in meinem Namen sein?« Ja so geht es denen, die sich ihres Erfolges freuen.

5. Das ausgeschlagene Erbe

Heute könnte die bekannte Geschichte folgende Wendung nehmen:

Es war ein reicher, erfolgreicher Mann, der erneut einem guten Gewinn entgegensah. Da dachte er bei sich selbst: Was bleibt zu tun? Ich brauche nichts mehr, denn ich habe von allem genug.

Da sagte er: »Ich will das Geld anlegen für meinen Erben, damit er es einmal besser haben möge als ich und sich nicht so quälen muß.« Doch in der Nacht fand er den Abschiedsbrief seines Sohnes: »Vater, ich habe dich geliebt, doch du warst nur für die Geschäfte da. Gemeinerweise hast du dein Erfolgstreben mir angelastet, damit ich es einmal besser haben sollte. Ich will dein Erbe nicht, ich wollte dich, aber du warst für mich nicht da.«

So fordert Gott durch den Selbstmord des Sohnes Rechenschaft von dem reichen armseligen Vater.

6. Der reiche Kornbauer erkennt eine Gefahr

Als der Kornbauer erkannte, daß er eine Ernte einbrachte, die alles bisher Dagewesene übersteigen würde, da erschrak er fürchterlich. Was würde nach solcher Ernte sein: Neid der weniger glücklichen Bauern, Bequemlichkeit des Besitzenden, süßes Nichtstun, Erschlaffung nach dem Erfolg? Würden die Kinder geraten, wenn sie den Reichtum erlebten, würden sich die Eheleute treubleiben? Welche Verführung steckt in der Langeweile, neue Abenteuer zu suchen? Da sagte er zu Gott und seiner Seele: Du hast mich reich gemacht, nun bewahre mich im Wohlstand, wie du mich bewahrt hast in der Zeit der Armut.

7. Der reiche Kornbauer als Vorbild

Als man den reichen Kornbauern, der nichts von seinem Reichtum gehabt hatte, zu Grabe getragen hatte, sagte der Vorsitzende des Bauernverbandes zu dem Sarg gewandt: »Du wirst uns immer ein leuchtendes Vorbild sein.« Der Sarg war mit geschnitzten Ähren geschmückt.

8. Der Neid auf den Erfolg

Der Sänger, der bei der Beerdigung des reichen Kornbauern sang, »Wir pflügen und wir streuen den Samen auf das Land«, sagte: »Irgendwie beneide ich diese Bauern. Was sie tun, sieht man. Da haben sie einen Morgen gepflügt, ein Feld abgeerntet, da kann ihre Ernte in Zentner und in Tonnen ausgewogen werden, das lohnt das Leben. Ich singe, und der Ton verfliegt, und wenn ich weggehe, dann ist nichs mehr da, was von mir zeugt. Ich beneide den Kornbauern. Er ist tot, aber da gibt es ein sichtbares Erbe. Das ist ein sinnvolles Leben.«

Durchbuchstabiert
1. Mose 8,22

Solange die Erde steht,
soll nicht aufhören:
Saat und Ernte, Frost und Hitze,
Sommer und Winter, Tag und Nacht.

> Solange die Erde steht,
> > wielange dauern die Halbwertzeiten
> > unseres Atommüll, den wir endlagerten!
> Solange die Erde steht,
> > wielange bleiben die Böden verseucht
> > durch die Dioxine unserer Verbrennungsanlagen?
> Solange die Erde steht,
> > wielange halten die Nervengasfässer,
> > die wir im Meer versenkten, bis sie durchrosten?
> Solange die Erde steht,
> > wielange hält uns der Verstand zurück,
> > einen Atomkrieg für führbar zu halten?
> Solange die Erde steht,
> > bleibt sie gefährdet durch den Menschen,
> > durch seinen Leichtsinn und seine Überheblichkeit,
> > durch seinen Zorn und seine Aggression.

Solange die Erde steht,
soll nicht aufhören:
Saat und Ernte, Frost und Hitze,
Sommer und Winter, Tag und Nacht.

> Saat und Ernte,
> > was wir säen, ist taub und unfruchtbar geworden,
> > unfähig die Natur zum Weiterleben,
> > was wir ernten, ist zu gefährlich, um es zu essen,
> > verdorben die Natur uns zur Nahrung.
> Saat und Ernte,
> > was wir säen, überwuchert alles freie Leben,
> > die überzüchteten Kulturen fressen die Natur,

was wir ernten, füllt unsere Scheunen und Silos,
erstickt in seiner Fülle alle Zukunft.
Es soll nicht aufhören:
Saat und Ernte,
und es täte uns gut,
wenn die Rhythmen schwiegen.

Solange die Erde steht,
soll nicht aufhören:
Saat und Ernte, Frost und Hitze,
Sommer und Winter, Tag und Nacht.

Frost und Hitze,
   wir haben aufgeheizt die Luft über den Städten,
   daß zum Treibhaus wird die Atmosphäre.
   Die Flüsse sind aufgekocht, verdampft,
   die Natur verbrüht von dem hungrigen Menschen.
Frost und Hitze,
   wir produzieren Kälte in Maschinen,
   die nutzen Gase, die fressen den Ozonschirm,
   der uns schützt vor den verbrennenden Strahlen.
   Die Natur gehäutet von uns gefräßigen Menschen.
Es soll nicht aufhören:
Frost und Hitze.
Aber sie sind vorbei,
sie leben nur noch in unserer Technik.

Solange die Erde steht,
soll nicht aufhören:
Saat und Ernte, Frost und Hitze,
Sommer und Winter, Tag und Nacht.

Sommer und Winter,
   durch die Dunstglocke über unserm Land
   dringen kaum noch die Sonnenstrahlen.
   Das Nebelwetter, wir machen es selbst,
   der Schnee, der fällt, stammt aus unsern Fabriken.

Sommer und Winter,
    die Nachtfröste erreichen unsern Garten nicht.
    Wir ernten Gemüse der Tropen,
    und im Tropengürtel der Erde pflanzen wir an
    Bohnen und Erbsen zur Unzeit.
    es hat schon lange aufgehört
    Sommer und Winter.
    Manchmal noch
    erzählen die Alten davon.

Solange die Erde steht,
soll nicht aufhören:
Saat und Ernte, Frost und Hitze,
Sommer und Winter, Tag und Nacht.

    Tag und Nacht.
        Wir machen die Nacht zum Tag.
        Licht produzieren wir in der Dunkelheit.
        Wir rauben der Erde den Schlaf
        und fühlen uns zu Recht gehetzt.
    Tag und Nacht.
        Wenn wir Nachtaufnahmen brauchen,
        drehen wir sie bei Tage im Licht,
        wie wir die Filme manipulieren,
        so manipulieren wir die Zeit und uns selbst.
    Tag und Nacht, Licht und Dunkel,
    Arbeit und Ruhe, Wirken und Schlafen,
    die Pole des Lebens, es gibt sie nicht mehr,
    wir halten sie eher für hinderlich.

Solange die Erde steht,
soll nicht aufhören:
Saat und Ernte, Frost und Hitze,
Sommer und Winter, Tag und Nacht.

Es ist nicht die Frage:
Wie lange steht die Erde noch?
Es ist die Frage schon:
Steht die Erde noch?

IV.

Liturgische Texte

Wechsel-Psalm-Gebet zum Erntedanktag

P: Danket dem Herren, denn er ist freundlich, und seine Güte
währet ewiglich.

G: Ich will Dich erheben, mein Gott, Du König, und Deinen
Namen loben immer und ewiglich.

P: Ich will Dich täglich loben und Deinen Namen rühmen
immer und ewiglich.

G: Danket dem Herrn, denn er ist freundlich, und seine Güte
währet ewiglich.

P: Der Herr ist groß und immer zu loben, und seine Güte ist
unausforschlich.

G: Kindeskinder werden noch Deine Güte preisen und Deine
Taten verkünden.

P: Sie sollen reden von Deiner hohen, herrlichen Pracht und sollen Deinen Wundern nachsinnen,

G: sie sollen noch reden von deinen mächtigen Taten und sollen
erzählen von Deiner Herrlichkeit,

P: sie sollen preisen Deine große Güte und sollen Deine Gerechtigkeit rühmen.

G: Gnädig und barmherzig ist der Herr, er ist geduldig und von
großer Güte.

P: Danket dem Herrn, denn er ist freundlich, und seine Güte
währet ewiglich.

G: Der Dank kommt uns heute leicht über die Lippen, aber
wofür danken wir?

P: Unsere Gedanken bleiben allzuschnell bei den Annehmlichkeiten unseres Lebens stehen;

G: wir vergessen oft, daß Gott uns Leben schenkt, jeden Augenblick.

P: In der Sorge, Zeit zu verlieren, verlieren wir uns oft in unserem Alltag.

G: Schenk uns aus der Fülle der Gaben auch die Erfüllung zum
wahren Leben bei Dir.

P: Ja, Gott, erbarme dich über unsere Gedankenlosigkeit und
hilf uns wieder auf.

G: Danket dem Herren, denn er ist freundlich, und seine Güte
währet ewiglich.

P/G: Amen.

Paraphrase zu Psalm 104 (A)

Lobe den Herrn, meine Seele,
wunderbar und groß bist du, Gott.
Dein Kleid ist Licht, deine Wolken sind Wagen,
und der Sturm sind deine Flügel.
Alles hast du fest gegründet – diese ganze Erde.

Noch ist unser Trinkwasser sauber,
noch gibt es Vögel und Tiere in Wald und Feld,
noch hält der Rhythmus von Tag und Nacht
und Sommer und Winter,
und noch können sich Menschen an dieser Erde freuen.

Wie lange, Herr, wie lange noch
hältst du deine Hand über den Haushalt der Natur?
Und wann bringst du uns Menschen zur Einsicht,
daß wir die Natur und uns selbst mehr schützen
und bewahren müssen?

Schick uns deinen Geist, Herr,
daß wir neue, andere Menschen werden,
daß wir das Antlitz deiner Erde nicht ganz zerstören,
sondern behutsam bewahren.

Lob sei dir, Gott,
der du uns immer noch unser täglich Brot gibst
und Große und Kleine satt machst.
Lehre uns das Teilen,
lehre uns das Helfen,
so lange, bis alle Not auf Erden ein Ende hat.

Paraphrase zu Psalm 104 (B)

Gott, ohne Zahl sind deine Werke,
    Erde und Himmel sind voll von deinen Geschöpfen.
Menschen und Tiere, alle warten auf dich,
    daß du ihnen Nahrung schenkst zur rechten Zeit.
Du gibst ihnen, und sie können nehmen;
    öffnest du deine Hand,
        werden sie mit Gutem gesättigt.
Du entziehst dich, und sie sind verloren;
    sobald du ihren Atem wegnimmst,
        sterben sie und werden zu Staub.
Du sendest deinen Lebenshauch aus,
    und sie werden geschaffen;
        du erfüllst alles Leben mit deinem Geist
        und erneuerst die Gestalt der Erde.
Die Erde Gottes ist ewig;
    er freue sich seiner Werke.
Ich will Gott singen, solange ich lebe,
    und meinem Gott spielen, solange ich bin.
Alles, was ich tue, soll ihm gefallen;
    und alle meine Werke ihn ehren.
Denn ich freue mich über Gott
    lobe Gott, meine Seele.

Paraphrase zu Psalm 8

Gott, du bist groß, in allen Erdteilen und Ländern wird dein Name verehrt.

Bereits die Kinder, auch die Allerkleinsten, staunen über deine Macht und beteiligen sich an diesem Lobgesang, sehr zum Ärger deiner Gegner.

Wenn ich zum Himmel schaue, mir den Mond und die Sterne betrachte und daran denke, daß das alles durch dich entstanden ist, dann werde ich ganz still vor dir.

Wie machtlos sind in Wirklichkeit die Menschen, wie mächtig bist jedoch du?
Und dennoch hast du Interesse an uns, liebst uns, willst uns nahe sein.

So nahe bist du uns gekommen, daß du selbst Mensch geworden bist. Wie groß muß deine Liebe sein?

Du hast uns den Auftrag gegeben, deine Schöpfung zu bewahren. Die ganze Welt ist Lebensraum für alle Kreaturen.

Wir leben mit Tieren und Pflanzen zusammen. Mit ihnen gemeinsam sind wir deine Geschöpfe.

Gott, du bist groß, in allen Erdteilen und Ländern wird dein Name verehrt.

Eingangsgebet

Lieber himmlischer Vater,
in deiner Schöpfung überschüttest du uns mit dem Reichtum des
Lebens.
Du hast uns vieles gegeben,
was unser Leben gelingen läßt.
Doch unser Reichtum verstellt uns den Blick.
Wir können nicht mit ihm umgehen,
wir haben verlernt, gerecht zu teilen.
Wir bitten dich, guter Gott,
laß uns aus unserer Gedankenlosigkeit umkehren,
schenke du uns Glauben und Phantasie,
den Problemen dieser Welt zu begegnen
und nicht gedankenlos die Hände in den Schoß zu legen.
Herr, möge unser Dank kein oberflächlicher sein,
sondern ein Dank, der uns umkehren läßt aus unserer Gedankenlosigkeit.
Herr, erbarme dich unser.

Zwei Tagesgebete

Tagesgebet I

Du, Gott, schaffst Leben,
laß uns den Reichtum erkennen,
der in uns steckt,
der unter uns schlummert,
der schon da ist,
der wirkt.

Du, Gott, vollendest Leben,
laß uns nicht auf den Mangel starren,
auf das, was uns fehlt,
was wir nicht zustande bringen,
was wir nicht erreichen,
was wir vermissen.

Öffne uns die Augen
für die Chancen,
die wir haben,
die sich uns bieten
heute und morgen,
und vollende so unser Leben
in deiner Zeit.

Tagesgebet II

Du hast die Erde geschaffen,
den Boden und die Bäume,
die Menschen und die Träume,
guter Gott, wir danken dir.

Du hast das Wasser geschaffen,
den Regen und den See,

die Sonne und den Schnee,
guter Gott, wir danken dir.

Du hast die Tiere geschaffen,
die schwimmen, kriechen, gehn,
und durch die Lüfte wehn,
guter Gott, wir danken dir.

Erfülle unsere Tage
mit deiner Liebe
für das Leben,
damit wir Sorge tragen,
bebauen und bewahren,
was du uns anvertraust.

Votum

Laßt uns heute Dank sagen – Erntedank.
Wir danken für das tägliche Brot
und für alles das,
was wir zum Leben geschenkt bekommen haben.

Unser Bedürfnis nach wahrem,
nach intensivem Leben ist aber immer noch da
und sucht nach Erfüllung.

Mögen wir lernen,
daß nicht die Fülle der Gaben
uns die Lebenserfüllung bringt,
sondern der Reichtum,
der vor dir – Gott – gilt.

Laßt uns heute ehrlich loben und danken,
dem Schöpfer aller Dinge,
indem wir – wie wir es gewohnt sind –
unserem Herren lobsingen.

Zwei Eingangsvoten

Votum I

Im Namen des Vaters,
der uns die Schöpfung anvertraut,

im Namen des Sohnes,
der uns alle Menschen ans Herz legt,

im Namen des Heiligen Geistes,
der uns zueinander finden läßt,

feiern wir Erntedank,
das Geschenk des Lebens.

Votum II

Unter Gottes Schutz
bebauen und bewahren wir
unsere Erde.
Unter seine Liebe
stellen wir
alle unsere Werke.
Ihm allein vertrauen wir
das Leben und uns Menschen an.

In Deinem Namen,
Vater aller Geschöpfe,
Bruder aller Menschen,
Geist der Versöhnung,
in Deinem Namen, Gott,
steht unsere Hilfe.

Kyrie I–III

Kyrie I

Traurig sind wir
über den Tod des Waldes,
den Tod des Wassers,
den Tod der Erde.

Traurig sind wir
über den Tod der Menschen,
den Tod der Tiere,
den Tod der Zukunft.

Alles, was wir haben,
wird uns genommen.
Alles, was wir lieben,
müssen wir lassen.
Alles, was uns trägt,
ist in Gefahr.

Erbarme dich, Jesus.

Damit wir nicht
weggerissen werden
von der entfesselten Kraft
unserer Maßlosigkeiten,
von der erdrückenden Ohnmacht
unserer Hilflosigkeit.

Damit wir nicht
weggerissen werden,
bitten wir dich,
halte du uns zusammen,
Gott der Schöpfung.

Halte uns zusammen
die sieben Sinne,
die offenen Herzen
die Atome der Welt
für ein Morgen
mit dir
und unseren Kindern.

Erbarme dich, Herr!

Kyrie II

Wir begründen unser Leben
gerne mit dem,
was wir leisten,
was wir können,
was wir erreichen.

Wir sind stolz
auf unsere Arbeit,
auf unseren Erfolg,
auf unsere Früchte.

Wir fühlen uns sicher
durch die Werke unserer Hände
und bemerken nicht
unseren Irrtum.

Denn alles, was wir haben,
ist ein Geschenk Gottes.
Alles, was wir bewirken,
geschieht durch seine Gnade.

Jesus, erbarme dich
über unsere Kurzsichtigkeit
und Gedankenlosigkeit.

Kyrie III

Der Altar ist geschmückt
mit Sorgfalt und Mühe,
während in der halben Welt
Menschen nichts zu essen
und nichts zu lachen haben
vor Armut und Kriegen.

Großer Gott, wir loben dich,
Herr, wir preisen deine Güte.

Wenn wir ehrlich sind,
müssen wir uns eingestehen:

Wir bringen das Leben nicht zusammen.
Wir sehen nur uns selbst
und vergessen die anderen.
Wir sehen nicht die Zusammenhänge
und vergessen zu teilen.
Wir denken zu wenig
und tun nicht das Not wendende.

Herr, erbarme dich!

Gloria

Gloria I

Gott selbst spricht:

»Solange die Erde steht,
soll nicht aufhören
Saat und Ernte,
Frost und Hitze,
Sommer und Winter,
Tag und Nacht.«

1. Mose 8,22

Sein Bund gilt
alle Tage
und alle Zeit
und in Ewigkeit.

Seine Zuneigung
zu uns,
zu allem,
was lebt
und ist,
kennt keine Grenzen.

Er führt uns
und vollendet uns
durch Zeit
und Ewigkeit.

Gott sei Dank!

Gloria II

gott
du willst sein

der boden
unter unseren füßen

die tür
zu neuen lebensformen

die sonne
damit herzen lieben

das brot
für den langen weg

das wasser
auf unseren durststrecken

und das feuer
in unserer eiszeit

gott
du bist
der gute

das gut
unseres lebens
bist du

dir sei dank,
lob, ehr und preis

Psalm 34,9.11

Gloria III

Irret euch nicht!
Gott läßt sich nicht spotten.
Denn was der Mensch sät,
das wird er ernten.
Darum,
solange wir Zeit haben,
lasset uns Gutes tun an jedermann.

Gal. 6,7ff

Sanctus

Guter Gott, wir danken dir.
Du bist König.
Himmel und Erde sind dein Reich.
Du bist Herr.
Alles, was war, was ist und was sein wird,
gehört dir.

Guter Gott, wir danken dir.
Die Sonne geht auf und unter.
Die Bäume wachsen und blühen.
Die Vögel fliegen und bauen ihr Nest.
Die ganze Schöpfung singt dein Lob.
Und wir leben
mit Freude und Last.

Dein Reich wird kommen.
Dann wird keiner mehr hungern.
Dann braucht keiner mehr zu weinen.
Dann wird kein Mensch mehr krank.
Dann braucht keiner mehr zu sterben.
Und wir leben
mit dir.

Dein Reich wird kommen,
und alles wird gut und neu.
Darum loben dich alle Geschöpfe
und rufen mit deiner Gemeinde:

Heilig, heilig, heilig,
Gott, Herr aller Mächte und Gewalten.
Erfüllt sind Himmel und Erde
von deiner Herrlichkeit.
Hosanna in der Höhe.
Hochgelobt sei,
der da kommt im Namen des Herrn.
Hosanna in der Höhe.

Einladung zur Feier des Hl. Abendmahls

Heute am Erntedanktag
laßt uns auch an den Tisch des Herrn treten,
aus der Fülle seiner Gaben
ihm Dank sagen
und Kraft gewinnen für die weitere Lebenszeit.
Laßt uns heilsam von Gott anrühren,
laßt uns berühren von seiner Zusage,
daß er in seinem lebendigen Christus
mitten unter uns sein möchte.
Das ist das Angebot seiner Gnade.
Das ist unsere Hoffnung und Zuversicht.
Der Herr begegnet uns in Brot und Wein.
Beides sind Früchte des Feldes,
Früchte unserer Arbeit,
Früchte seiner Schöpfung.
Gott – du lädst uns immer wieder ein.
Nimm von uns unsere Schuld
und laß uns befreit zum Denken und Danken
Brot und Wein empfangen.

Dienet dem Herrn
Ein Sündenbekenntnis

Dienet dem Herrn
  und nicht dem Mammon.

Mammon ist der Götze
des Habens und des Besitzens,
des Festhaltens und Nichtloslassenkönnens.
Mammon ist ein Götze.

Dienet dem Herrn
  und nicht dem Mammon.

Mammon sind die Kräfte,
die uns nötigen, ein größeres Auto,
ein schöneres Haus, ein dickeres Konto zu haben.
Mammon verzehrt unsere Kräfte.

Dienet dem Herrn
  und nicht dem Mammon.

Mammon ist der Dämon,
der uns keine Rücksicht nehmen läßt
auf unsere Gesundheit, unsere Familie.
Mammon besitzt uns dämonisch.

Dienet dem Herrn
  und nicht dem Mammon.

Mammon ist der Teufel,
der uns betrügt um das Leben,
dessen Segen zum Schaden wird für alle.
Mammon bereitet den Tod.

Dienet dem Herrn
  und nicht dem Mammon.

Brot- und Weinworte

Gelobt bis du – Schöpfer und Geber aller guten Gaben,
laß dir unser ehrliches Lob gefallen.
Du hast die Saat uns geschenkt,
du hast das Korn wachsen lassen,
wir durften aus vielen Körnern Brot werden lassen.
Das Brot – Frucht der Erde und Teil der menschlichen Arbeit,
das Brot, für das wir zu danken und zu loben haben,
das Brot, das immer auch Anlaß zur Klage ist.
Herr, laß dieses Brot uns zum Brot des Lebens werden,
das Brot, der Leib Christ,
der für uns gegeben ist.

Gelobt bist du – Schöpfer und Geber aller guten Gaben,
laß dir unser ehrliches Lob gefallen.
Du hast auch die Weinberge geschaffen,
und alles, was hierauf wachsen kann.
Der Wein ist Teil deiner Schöpfung
und Teil unserer menschlichen Arbeit.
Der Wein – Zeichen des Blutes Jesu Christi,
der Wein – Zeichen des Neuen Bundes.
Laß uns diesen Wein als Zeichen deiner Gegenwart nehmen,
als Zeichen des Heiles
und der Verbundenheit mit dir.
Gelobt bist du – Gott – des Himmels und der Erden,
gelobt bist du in Brot und Wein.
Hab Dank dafür.

Fürbittengebet:
Wir danken für deine Gaben

Herr, unser Gott!
Wir danken dir für die Gaben der Schöpfung,
die wir empfangen dürfen aus deiner Hand.
Und wir bitten dich: Gib uns deinen Geist,
der uns im rechten Umgang mit diesen Gaben
unterweist.
Wir rufen: Herr, erhöre uns!

Wir danken dir für die Tage unseres Lebens,
die du uns schenkst, damit wir sie füllen
mit Liebe zu unseren Mitmenschen. Und wir
bitten dich: Laß uns verstehen lernen, daß
nur die Liebe den Unfrieden besiegen kann.
Wir rufen: Herr, erhöre uns!

Wir danken dir, Gott, für die Erfahrungen,
die wir mit anderen Menschen machen dürfen;
auch für die, welche manchmal leidvoll sind.
Und wir bitten dich: Schenke uns durch die
Worte deines Sohnes die rechte Wegweisung
für unser Leben.
Wir rufen: Herr, erhöre uns!

Himmlischer Vater, durch deinen Sohn Jesus Christus
bist du gegenwärtig in Brot und Wein. Du nimmst uns
an, so wie wir sind; dafür sei gepriesen jetzt und
in alle Ewigkeit. Amen

Fürbittengebet:
Herr, ich möchte gerne danken, aber ...

Herr, auch ich möchte gerne danken,
aber der Dank geht mir nicht leicht über die Lippen.
Allzusehr beschäftige ich mich mit den Problemen dieser Welt,
mit einer Politik, die Überschüsse einkalkuliert,
mit einer Politik, die unsere Umwelt aushöhlt,
mit einer Politik, die ich oftmals nicht mittragen kann.

Herr, auch ich möchte gerne danken,
aber der Dank fällt mir so schwer,
mir geht es gut, ich habe mein Auskommen,
meinen Beruf, meine Absicherung.
Was ist mit denen, die aus ihren Problemen heraus
auf der Straße leben, keine Familie haben,
sich zusammenrotten und gefährlich werden.

Herr, ich möchte so gerne danken,
aber mein Dank wäre unaufrichtig,
denn wir profitieren auf Kosten der Dritten Welt,
auf Kosten vieler Menschen,
die bei uns Asyl und Gerechtigkeit suchen.
Immer mehr Arbeitsplätze werden wegrationalisiert,
für Arbeitslose kann ich nicht danken.
Millionen verhungern und leiden
an unserer Unfähigkeit zu teilen.
Eine Clique von Besessenen überschüttet uns mit Drogen,
viele werden abhängig, sie wissen nicht wohin.

Herr, wofür kann ich danken?
Wir können uns nur beschuldigen.
Wir haben uns vieles selbst zuzuschreiben.
Herr, wofür kann ich danken?

Schenke du mir eine Aufgabe,
einen Sinn, der mich anrührt,
der mir aufhilft,
konkrete Schritte zu tun,
mitzuarbeiten und mitzudenken.
Vielleicht kann aus einem Denken wieder ein Danken
kommen.

Herr, wofür soll ich danken?
Vielleicht dafür, daß ich jetzt aufgewacht bin
aus einer Sorglosigkeit und Bequemlichkeit,
daß ich aufgestanden bin
und meinen Unmut herausrufen kann,
daß ich mich einsetzen werde,
für mehr Rechte und Gerechtigkeit.
Einen ersten Schritt muß ich tun –
Danke, Herr, daß du mir diesen Einfall gegeben hast.
Danke.

Fürbittengebet:
Du erhältst mich am Leben

Gott,
du erhältst uns am Leben,
halte uns achtsam
für die Nöte anderer.

Für die Gabe des Lebens,
für alles, was wir haben,
die Nahrung vieler Jahreszeiten
und die Bewahrung durch die Zeit,
sagen wir dir Dank.

Für den Dienst vieler Hände,
für alle, die dafür arbeiten,
das Leben zu beschützen,
die Schöpfung zu bewahren,
für alle, ohne die wir nicht leben könnten,
die für uns säen und ernten,
kochen und waschen,
putzen und herstellen,
sagen wir dir Dank.

Für alle Menschen,
die uns begegnen
und die uns anvertraut sind,
die uns zu Hilfe eilen
und denen wir helfen,
für die Vielfalt der Gesichter
und den Reichtum an Völkern,
sagen wir dir Dank.

Für alle Menschen,
die sich für andere einsetzen
und für die Bewahrung der Schöpfung,

die sich Gedanken machen
und für Gerechtigkeit und Frieden eintreten,
sagen wir dir Dank.

Gott,
unerschöpflich ist deine Sorge für uns.
Laß auch unsere Sorge für andere
unerschöpflich sein.

Fürbittengebet:
Früher konnten wir beten

1 Früher konnten wir beten:

Himmel und Erde sind dein.
Tod und Leben kommen von dir.
Du bist der Schöpfer,
der Atem allen Lebens.

2 Heute erkennen wir:

Himmel und Erde sind uns ausgeliefert.
Mehr Tod als Leben bringen wir.
Wir schöpfen mehr Unheil
und vergiften die Welt unserer Kinder.

1 Früher konnten wir beten:

Du machst aus der Wüste einen Garten,
in dem es sich gut leben läßt.
Du zerstörst alles,
wenn wir versagen.

2 Heute erkennen wir:

Wir machen aus der Welt eine Wüste,
zerstören die Länder selbst,
verschmutzen und vergiften Luft und Wasser,
verwüsten und verwunden die Schöpfung.

1 Du, Gott, schenkst uns alles,
was wir zum leben brauchen.

2 Laß uns behutsam mit deiner Welt
und unserem Leben umgehen.

1 Hilf uns lieben,
damit wir nicht deine Schöpfung
auf dem Altar unserer Eigensucht opfern.

2 Hilf uns erkennen,
wie wir uns ändern können,
damit unser Leben
nicht zu einer tödlichen Gefahr
für unsere Kinder wird.

1 Hilf uns überwinden
unsere Gedankenlosigkeit,
unsere Gewohnheiten,
unsere Bequemlichkeiten
und unseren Wohlstand.

2 Lehre uns verzichten
auf unseren Überfluß,
auf zerstörende Technik
und steigenden Verbrauch.

1 Gib uns die Kraft zum Teilen
damit Gerechtigkeit und Frieden
nicht nur große Worte bleiben.

Segen I–III

Segen I

Es segne uns Gott
mit viel Phantasie,
damit wir das Leben schützen
und die Erde bebauen und bewahren.

Es segne uns Jesus
mit viel Liebe,
damit wir uns selbst und die anderen,
die Tiere und die Natur schätzen und ehren.

Es segne uns der Heilige Geist
mit viel Kraft,
damit wir dem Bösen wehren
und das Gute vollbringen.

Segen II

Gott, der Vater, führe uns
vom Dank zur Tat,
von der Not zur Hilfe.
Gott, der Sohn, führe uns
vom Tod zum Leben,
von Falschheit zur Wahrheit.
Gott, der Geist, führe uns
von der Verzweiflung zur Hoffnung,
von Angst zu Trost.

Laß Frieden erfüllen
unsere Herzen,
unsere Erde,
unser Leben.

Laß uns zusammen träumen,
zusammen beten,
zusammen arbeiten
an der einen Welt,
die Platz hat für alle.

Laß uns gemeinsam zugehen
auf das, was möglich ist:
Die Liebe bewahre uns
und führ uns zu deinem Frieden
und deiner Gerechtigkeit für alle.

Segen III

Schöpfergott,
segne uns die Erde,
auf der wir jetzt stehen.
Bruder Jesus,
segne uns den Weg,
den wir jetzt gehen.
Vollender Geist,
segne uns das Ziel,
für das wir jetzt leben.

Du, Gott des Lebens immerdar,
segne uns auch, wenn wir rasten.
Segne uns das, was unser Wille sucht.
Segne uns das, was unsere Liebe braucht.
Segne uns das, worauf unsere Hoffnung ruht.

Gott, segne unseren Blick,
auf daß wir, von dir gesegnet,
einander zum Segen werden können.

Nach irischen Segenssprüchen

Erntesegen I–IV

Erntesegen I

Der gnädige Schöpfer,
    gebe dir das Fett des Ackers
    und den Tau des Himmels,
    auch gebe er dir den Wind der Weite
    und das Lied der Lerche,
    dazu gebe er dir das Licht des Lebens
    und den Schatten, der zum Leben gehört.
Der gnädige Schöpfer
    gebe dir Wachstum und Gedeihen.

Erntesegen II

Der Schöpfer gab dir die Früchte des Feldes und des Gartens,
    der heilige Geist gebe dir, zu geben den Armen und
    Hungrigen von deinem Reichtum
    im Namen unseres Herrn Jesus Christus.
Der Herr der Geschichte gab dir Recht und Frieden,
    der heilige Geist gebe dir, Frieden zu stiften und
    Recht zu wahren
    im Namen unseres Herrn Jesus Christus.
Der Herr der Natur gab dir Wissenschaft und Technik,
    der heilige Geist gebe dir den Respekt vor der Natur
    und Achtung vor den Technikgefahren
    im Namen unseres Herrn Jesus Christus.

Erntesegen III

Die himmlische Macht,
    die euch die Fülle gab,
gebe auch die Kraft, den Mangel zu sehen,
und die Möglichkeit, von eurem Reichtum abzugeben.

Die göttliche Kraft,
    die euch das Leben sicherte,
gebe euch die Macht, die Gefahren zu erkennen,
und die Freiheit, Gefährdeten zu helfen.

Die einzige Quelle,
    aus der uns das Leben fließt,
gebe uns den Geist, das Leben zu achten,
und die Freude, es auch anderen reich zu machen.

Erntesegen IV

Saat und Ernte
    schenke uns Gott der Herr.
In Frost und Hitze
    ehren wir Dich, Gott den Vater.
Sommer und Winter
    sind uns Gaben des Herrn der Geschichte.
Bei Tag und Nacht
    wollen wir Dich preisen, Vater unseres Lebens.

An diesem Band haben mitgearbeitet und eine Menge wertvolle Zeit investiert:

Pfarrer Fritz Allgeier, Weinheim
Pfarrer Fritz Baltruweit, Loccum
Pfarrer Dr. Siegfried Bergler, Hamburg
Pfarrer Heinz-Günter Beutler-Lotz, Gau-Algesheim
Pfarrer Detlev Block, Bad Pyrmont
Pfarrer Uwe Buschmann, Rockenberg 1
Pfarrer Willi Everding, Bochum 6
Dekan Christian Hilmes, Kaufungen
Pfarrer Bernhard von Issendorff, Wiesbaden
Pfarrer Harald Kopp, Rockenberg 1
Pfarrer Dr. Hermann Mahnke, Einbeck
Pfarrer Hans Jürgen Milchner, Hunteburg
Pfarrer Ulrich Tietze, Fallingbostel
Frau Renate Wittig, Erzieherin, Bohmte
Pfarrer Christian Zemmrich, Annaberg / Erzgebirge

Allen Mitautoren / innen sei an dieser Stelle herzlich Dank gesagt für alle engagierte Mitarbeit und kritische Begleitung.

Hans Jürgen Milchner

Hans Jürgen Milchner (Hg.)

Jubiläumstrauungen

Einander weiterhin anvertrauen
(Dienst am Wort, Band 58). 1992. 170 Seiten, kartoniert.
ISBN 3-525-59322-8

In zunehmendem Maße werden Pfarrer gebeten, bei Jubiläumstrauungen Andachten zu gestalten. Der Band stellt die unterschiedlichen Hochzeitsgedenktage vor, beschäftigt sich mit der
pfarramtlichen Situation und erarbeitet Grobmuster für Trau-
gottesdienste. Innerhalb der homiletischen Erwägungen wird
die Frage gestellt, wer Interesse an diesen Amtshandlungen hat:
die Gesellschaft, die Familien oder die Kirchengemeinde? In einem weiteren Beitrag wird das Thema 'Gemeinsam alt werden
– oder: Die Entdeckung der Dauer' thematisiert. Welche Spannungen und welche Erwartungen erfüllen Menschen, die sich
den Festen der Jubiläumstrauungen nähern?

Predigtbeispiele zum 25., 40., 50., 60. und 65. Ehejubiläum werden umrahmt von gottesdienstlichen Sonderformen, Psalmpa-
raphrasen, Liedtexten, Gebeten, Traufragen, Literaturbeispielen
und Segensformulierungen.

„Auch für den katholischen Seelsorger ist dieses Buch überaus
hilfreich, bereichernd und die Anschaffung lohnt sich."
Katholisches Apostolat

Vandenhoeck & Ruprecht · Göttingen/Zürich